가늘고, 길게, 멀리 내다보는 은퇴 준비서

끝까지 살아남는 사람들의
생존비법

김태영 지음

끝까지 살아남는 사람들의

생존비법

초판 1쇄 발행 2025년 7월 17일

지은이	김태영
발행인	권선복
편 집	권보송
디자인	서보미
마케팅	권보송
전자책	서보미
발행처	도서출판 행복에너지
출판등록	제315-2011-000035호
주 소	(157-010) 서울특별시 강서구 화곡로 232
전 화	0505-613-6133, 010-3267-6277
팩 스	0303-0799-1560
홈페이지	www.happybook.or.kr
이메일	ksbdata@daum.net

값 22,000원
ISBN 979-11-93607-92-3 (13190)

Copyright ⓒ 김태영, 2025

* 이 책은 저작권법에 따라 보호받는 저작물이므로 무단전재와 무단복제를 금지하며, 이 책의 내용을 전부 또는 일부를 이용하시려면 반드시 저작권자와 〈도서출판 행복에너지〉의 서면 동의를 받아야 합니다.

도서출판 행복에너지는 독자 여러분의 아이디어와 원고 투고를 기다립니다. 책으로 만들기를 원하는 콘텐츠가 있으신 분은 이메일이나 홈페이지를 통해 간단한 기획서와 기획의도, 연락처 등을 보내주십시오. 행복에너지의 문은 언제나 활짝 열려 있습니다.

가늘고, 길게, 멀리 내다보는 은퇴 준비서

끝까지 살아남는 사람들의
생존비법

김태영 지음

도서
출판 행복에너지

추천사

최동환 | 쇼핑엔티 팀장

끊임없이 변하는 비즈니스 환경 속에서 생존하는 법을 명쾌하게 제시하며 실전 경험을 바탕으로, 위기 대응력과 지속 가능한 경쟁력을 키우는 방법을 진솔하게 풀어냈습니다.
조직 안팎에서 살아남기 위해 필요한 현실적인 전략과 태도를 심도 있게 다루고 있어 단순한 생존이 아닌, 장기적 성장을 꿈꾸는 리더와 실무자들에게 강력히 추천합니다.
이 책은 개인과 조직 모두에게 위기를 기회로 바꾸는 통찰을 선물할 것입니다.

이종우 | 아주대 교수

대한민국은 저성장 시대로 접어들며, 과거 성장기의 영광은 흐릿해지고 불황의 그림자로 사회 전반에 활력이 떨어지고 있다. 경제 침체 속에 우리는 위기를 극복하고 고난을 버텨야 하는 상황이 되었다. 김태영 저자의 『끝까지 살아남는 사람들의 생존비법』은 이 시대 당신이 속한 분야에서 생존할 마인드와 스킬에 대한 지침서이다. 기업 대표부터 전문직, 창업자, 소상공인 등 저성장 시대를 이겨낼 당신에게 이 책을 추천한다.

정진국 | WK마케팅그룹 유통부문 디렉터, 이사

대한민국 경제가 위기가 아닌 적은 없었다. 『끝까지 살아남는 사람들의 생존 비법』은 회사를 떠나자니 두렵고, 남아 있으려니 불안한 이 시대의 모든 직장인에게 구체적인 생존 전략을 제시한다. 하루하루 버티는 데 지친 당신에게, 저자가 직접 겪고 축적한 경험이 진심 어린 길잡이가 되어줄 것이다. 이 책과 함께라면, 당신도 끝까지 살아남을 수 있다.

황대희 | NJ그룹 인사총무실 이사

장기 불황의 시대에, 많은 사람들이 저성장, 저기회의 상황에 놓이고 있습니다. 모든 중, 장년에게 일자리 기회가 오는 것이 아니고, 조직 내에서 생존을 위해서도 반드시 알아야 하는 비법들이 있습니다. 작가의 생생한 경험을 바탕으로 제시된 본 도서가 많은 중, 장년 그리고 직장인의 생존 비법서가 되기를 바라 봅니다.

프롤로그

 언제든, 우리가 겪는 현실은 녹록지 않다. 여기저기 무너져 가는 회사들도 많고, 어제 건재했지만, 오늘 사라지는 기업들도 많다. 아무리 내가 살아남으려고 발버둥 쳐도 회사가 무너지면, 내 자리는 자동으로 사라지는 시대다. 회사가 생존할지가 불투명할 정도로 지금의 상황은 좋지 못하다. 기업들이 생존을 최우선 과제로 삼고 움직이듯, 개개인들도 언제든지 자기 이름으로 살아가야 할 때를 대비해야 한다. 개개인의 생존을 고민해야 될 때다.

 물론, 회사에서의 자기 몫은 당연히 해야 한다. 최대한 회사가 안정적으로 지속 유지되고 성장할 수 있도록 온 힘을 다해야 한다. 회사에서 맡은 일을 잘 해내는 것은 기본값이며, 더 열의와 성의를 내보여야 한다. 회사가 있어야, 내가 존재할 수 있기 때문이다. 그렇지만, 회사에만 목매는 것도 좋은 모습은 못 된다. 회사 일, 조직의 업무에 최선을 다하면서도 내 자신의 역량을 기르기 위해 나의 시간을 가져야 한다.

 녹초가 되도록 일하는데, 도대체 내 시간을 어떻게 낼 수 있고, 언제 내 역량을 기를 수 있느냐고 항변하는 이들도 많다. 알고 있다. 다들 시간도 없고, 힘도 없다. 그런데, 누군가는 아무리 힘든 상황,

바쁜 와중에도 자기만의 시간을 낸다. 어떻게 그게 가능하겠나? 절박하고 절실하느냐, 혹은 어떻게든 되겠지 하며 안일한 것과의 차이가 아니겠는가?

자기만의 시간을 처음부터 많이 가질 수는 없을 것이다. 그러나, 아주 조금씩 시간을 내고, 천천히 준비해 나간다면, 가능할 수도 있다. 하루 10분이든, 30분이든 무리가 안 되는 수준에서 시작해 보자. 그리고 조급함을 내려놔야 한다. 서둘러서 뭔가 이루고 싶고 성과를 바라게 된다. 그러나, 무엇이든 시간이 걸리는 법이다.

조직에 필요한 인재도 되고, 언제든 스스로 생존할 수 있는 힘도 기른다면 얼마나 좋겠는가? 더 힘들어지는 경쟁 상황 속에서 살아남고, 또 인정받으려면, 오로지 내 힘으로 할 생각을 해야 한다. 누군가에게 기대지 말고 스스로 도전하고 스스로 일을 찾아서 하고 스스로 실력을 길러야 한다. 그러기 위해 악전고투해야 한다. 쉽지 않겠지만, 해보자.
나도 여전히 그렇게 되기 위해 부지런히 애쓰고 있는 중이다.

목차

추천사 4
프롤로그 6

제1장

지나온 시간 되돌아 본다

잘나가던 때도, 안 좋을 때도 있었다 16 나이가 들면 밀려난다 19 그래도 열심히 애쓰며 지낸다 22 아직 힘이 남아 있다 25 남은 이들의 생존 경쟁이 더 치열하다 28 끝까지 살아남는다 31 살아남아야 원하는 것을 가질 수 있다 34 내가 무엇을 원하는지 파악한다 37 나의 세계를 만들고 싶다 39 1%만 살아남는다 41 방황하는 개인들의 사회 43

제2장
역사속 인물들을 엿본다

역사 속 인물들은 어찌 살았나 48　역사 속 악인들이 우리에게 알려주는 조언 51　살아남은 자들이 역사를 쓴다 54　18년간 귀양 기간에 500여 권의 책을 펴낸 다산 선생 56　비판과 고립 속에서도 버텼던 덩샤오핑 59　일본의 도쿠가와 이에야스 61　로마시대, 카이사르의 후계자 옥타비아누스 63　일본 국민작가 마쓰모토 세이초 66　우리 주변에 숨어 있는 인생의 고수들 69　시작하라, 그들처럼 71　짓밟히고, 멸시 받던 민초들이 나라를 지켰다 74

제3장
준비 안 된 사람들은 어떻게 하나

좀 더 버틴다 78　시간을 벌어야 한다 81　지금부터라도 준비해야 한다 84　그래도 떠나야 한다 87　언제든 궤도 수정은 필요하다 90　준비될 때까지 기다리고 또 기다린다 93　평생 준비하고 또 도전한다 95　냉정히 내 자신을 되돌아본다 97　나의 때는 언제인가? 100　스스로의 유통기한을 인정하고 다음을 준비한다 103　나의 일에 집중할 시간을 벌어라. 생활비를 벌어, 시간을 확보해라 105

제4장

건강을 챙겨야 한다

육체적인 건강이 무너지면 아무것도 못 한다 110 건강을 소홀히 하면, 경제적 부담이 늘어난다 113 규칙적인 운동을 해야 한다 115 꾸준히 서서히 운동 습관을 가진다 117 건강도 불공평하다 119 식습관을 바로 잡아야 한다 121 좋은 생각과 마음가짐이 필요하다 123 지금 바로 움직이자 125 하루 10분의 휴식 127 잘 자야 건강하다 129 건강이 모든 일의 밑바탕이다 132

제5장

돈 걱정도 있다

어떻게 자산을 관리해야 하나 136 투자해도 되나? 138 부동산, 어떻게 봐야 하나? 140 주식, 나에게 적당할까? 143 저축은 별로인가? 146 비상금을 확보해야 한다 149 돈은 목숨줄이다 152 나이 들수록 더욱 돈은 중요하다 154 돈 모으는 방법, 뭐든 좋다. 다 시도해라! 156 돈이 어디로 몰리는지 관찰한다 159 꾸준한 현금 흐름을 확보하라 162

제6장

부채, 두려워해야 한다

부채, 두려워해야 한다 166 빚투만큼 무서운 게 없다 169 빚 권하는 시대, 뭔가 잘못됐다 171 하루라도 빨리 빚을 갚아야 한다 174 빚이 없으면 뭐든 자유롭다 177 보수적으로 살아야 한다 180 은행에 빚지지 말고 은행에 돈 빌려줘라 183 한국에서는 빚만 없어도 중산층이다 185 현금자산 1억, 빚 1억의 차이 187 억대 연봉, 연봉 1억 이상도 빚 있으면 허덕인다 189 카드 대출, 카드론, 리볼빙 쓰면 거의 끝에 내몰린 것이다 192

제7장

부업이라도 해야 하나

부업의 의미 196 어떤 부업이 가능할까 199 부업 사기도 있다 202 쉽게 돈 버는 일 없다 205 비정기적인 부업도 괜찮다 208 재능을 키우는 부업이 좋다 210 부업이 본업 되고 본업이 부업 된다 212 100세 시대, 다양한 일을 하며 산다 214 몸 쓰는 일을 해야 당장 돈이 들어온다 216 빚 있고, 이자 내는 게 버겁다면 부업해야 한다 218 성인의 30%가 투잡을 한다 220

제8장

절약

아끼고 안 쓰는 게 미덕이다 224 무소비에 가까운 삶이 좋다 227 저축하면 나중이 편하다 230 절약도 습관이다 232 덜 쓰고 줄이는 다운사이징 한다 234 안 쓰는 데 적응하면 불편하지 않다 237 절약하면 자유인이 된다 239 내 시간도 절약하자 241 술, 담배 안 하면 건강하고 절약도 된다 243 일본 절약 만화 『정액제 남편의 용돈 만세』 245 절약해서 목돈 1억 모으기 247

제9장

사기, 당하지 않아야 한다

세상에 공짜 없다 250 쉽게 돈 번다는 말에 넘어가지 마라 253 친절하게 다가오는 이를 경계하라 256 가장 가까이 있는 이들을 겁내야 한다 258 판사, 검사도 당한다 260 작정하고 덤비면 거의 다 당한다 262 안 만나고 안 엮이는 게 최고다 264 사기 당하면 돈도 잃지만, 마음도 다친다 266 사기 당하면 수십 년 인생이 사라진다 268 사기꾼들은 매력적이고, 미남 미녀가 많다 270 남에게 말하면 안 된다고 말하면 사기다 272

제10장

가늘고, 길게, 멀리 내다본다

안전을 최우선으로 삼는다 276 모험하면 안 된다 279 천천히 오래 축적한다 282 나만의 속도로 나의 정상을 향해 간다 285 세상을 부정적으로 본다. 대비한다 288 상황은 언제든 배신한다 291 인내심이 강한 이가 더 많은 것을 갖는다 294 살아남아야 후일을 도모할 수 있다 297 무슨 일이든 시작과 끝이 있다 300 금방 이룰 수 없다는 걸 안다 303 결국에는 끝을 본다 305

에필로그 308
출간후기 310

제1장

지나온 시간 되돌아 본다

잘나가던 때도,
안 좋을 때도 있었다

　잘나가던 때도, 안 좋을 때도 있었다. 직장 생활을 쭈욱 하고 있는 나에게는 여러 기억이 교차한다. 처음 사회인으로 첫발을 내딛고 허둥지둥거리며, 적응에 어려움을 겪었던 기억도 있다. 그리고 어느새 익숙해져서 나름 숙련된 모습을 보일 때도 있었다. 조직 생활에 적응한 뒤, 나름의 성과도 내고 일 잘한다는 인정도 받았다. 열심히 일하고 그에 합당한 대우를 받을 때는, 내가 잘난 줄 알았다. 일취월장하고 잘되던 일이 계속될 줄 알았다. 그런데 아니었다. 좋았던 것은 나빠지고, 나쁘던 것이 좋아지는 등, 언제든 상황은 변하는 것이었다. 그리고, 지금의 나에게는 많은 일들이 과거가 되었다.

　한때는 영원히 승승장구하고 올라갈 곳이 끝없이 펼쳐질 것만 같았다. 내가 열심히 하기만 하면, 회사가, 조직이 나를 인정해주고 더 나은 대우를 해줄 거라 생각했다. 그런 마음으로 무던히 열심히 일했던 것 같다. 주말도 없고 밤낮도 없었다. 그저, 노력 또 노력뿐이었다. 당장은 아니어도 나이가 들고 경력이 쌓이면 나중에는 좀 수월하고 편해질 거 같았다. 그걸 위해 지금의 젊음도 투자하는 거라 생각했다. 그런데, 생각하던 것과 상황은 다르게 흘러갔다. 언제든 직장인은 용도 폐기될 수 있는 존재라는 걸 아는 데 그리 시간이 오래 걸리지 않았다. 시작이 있으면, 끝도 있는 것이었다. 상황은 언제든 변하는 것이었다.

물론, 밤잠 설치고 집에 가지 않고 미친 듯이 몰입했던 기억이 쓸모없다는 건 아니다. 그때로 다시 되돌아가도 똑같은 결정을 하고 땀 흘리며 일할 것이다. 상품 하나 더 팔겠다고 진열된 상품의 위치를 고민하고 상품명, 행사가격이 맞는지 점검했었다. 남들 다 자는 시각에도 밤새 물건을 진열하고 고민하며 많은 날들을 보냈었다. 매출 목표를 달성하려고 고군분투했고, 매출이 안 나오고 기대한 이익을 내지 못할 때는 걱정이 깊어 갔다. 적어도 남들보다 똑똑하지는 못해도 더 오래 일하고 더 시간을 들이면 남들보다 더 앞서나갈 수 있을 거라 믿었다. 그리고 어느 정도 조직의 보상을 받기도 했었다.

직장에서 가장 다루기 어렵고 거드름 피우는 계층이 고참 대리에서 초임 과장이라고 한다. 30대 초반에서 중후반 정도의 나이로 추정된다. 어느 정도 직장 생활도 해봤고 사람들과의 관계에서 어려움도 겪었지만 나름의 노하우도 쌓일 나이라고 한다. 그래서 그들은 가장 자신감이 넘치고 도전적이라고 했다. 나도 그랬던 것 같다. 그게 어느덧 20여 년 전 애기이지만, 그때 가장 열심히 내 시간을 보냈던 것 같다. 많은 기억들이 떠오른다. 고생했던 것도 생각난다.

그러나, 이제는 지난 얘기다. 지난 과거는 조용히 흘려보내야 한다. 자꾸 떠올리고, 과거의 내 모습에 취해 있으면 안 된다. 그런다고 맞장구쳐 줄 사람도 이제 없다. 그저 과거는 그대로 두고, 앞으로 벌어질 새로운 상황에 적응해야 한다. 내 모습을 어떻게 취할지를 정해 두어야 한다. 어떤 결정을 내려야 할지 미리 연습해 두어야 한다. 지금 내가 할 수 있는 게 무엇인지 파악해야 두어야, 걱정이 줄어든다. 점점 직장인 수명이 줄어들고 있다. 새로운 도전을 앞두고 있다. 움직여야 한다. 어디로 가고, 무엇을 해야 할지를 차근차근 정해야 되겠다.

나이가 들면 밀려난다

아무리 애써도, 직장인의 결말은 항상 다가온다. 나이가 문제가 된다. 나이가 차고, 자신들이 부리려는 입맛대로 바로바로 움직이지 않으면, 내친다. 강등시키고 다른 일 시키고, 대놓고 나가라는 분위기를 만든다. 아예 나가라고 말하기도 한다. 그렇게 인력을 줄이고, 자기들 바람대로 운영한다. 그러나, 그렇게 권력을 휘두르는 그들도 결국은 사냥개와 같은 처지가 된다. 사냥이 끝난 개를 잡아먹는 것처럼, 손에 피 묻히는 사냥개 노릇을 하게 만들 뿐이다. 잠시 잠깐 그 자리에서 권력을 행사할 뿐이다. 그런데 그들은 모른다. 자신들은 절대 잡아먹히지 않을 거라고 착각한다. 그래서 그 사냥개 노릇을 하는 것이다.

누군가는 나가라는 말에 화난다고 했다. 제대로 된 대우를 받지 못하니 바로 나가야 된다고 여겼다. 그런데, 그렇게 화내고 울컥하는 모습은 회사가 바라는 것이다. 그러니, 잘 생각해볼 필요가 있다. 우리는 언제든 밀려날 수 있고, 나가라는 부당 요구를 받을 수 있다. 그러나, 그런 처우를 받는다고 무조건 나가야 할까? 아니다. 철저히 자신의 상황을 살펴보고, 준비가 되었는지를 따져 봐야 한다. 물론 같이 일하던 동료들이 하나둘씩 떠나는 걸 보며 견디기는 쉽지 않다.

그래도 최대한 냉정해져야 한다. 지금 당장 나가는 게 나은지, 시간이 좀 필요한지 판단해야 한다. 물론 무조건 100% 버틸 수 없을 수도 있다. 도저히 못 참아서 나가야 될 수도 있다. 그러나, 잘 생각해볼 필요가 있다. 회사가 요구한 시간표대로 끌려다니기보다는 내 생각, 내 의도대로 시간을 갖는 게 좋다고 본다. 회사에 휘둘리는 것만큼 위험한 게 없다. 요즘은 회사 밖은 지옥이다.

나가라고 해도 어떻게든 나가지 않고 버텨야 한다고 이미 밖에 나가 있는 선배들은 말한다. 나이가 들어서 밀려나는 것은 당연한 모습이라고 했다. 밀려나도 인생이 끝난 게 아니라고 했다. 그래도, 새로운 역할을 하고 새로운 기여를 하며 삶의 의미를 찾을 수 있다고 했다. 나가라고 해도 견디고 버티면서, 나름의 성과를 내면, 다시 기회가 생기지 않을까라는 기대감도 가질 수 있다. 그러나, 그런 기대감은 허상이다. 이미 회사에서 낙인을 찍었다는 것은, 언제든 용도폐기하겠다는 게 담긴 것이다. 그러므로, 회사에 혹시나 하는 기대는 갖지 않는 게 낫다. 그저 내 마음, 내 태도를 잘 갖추는 게 필요하다. 최대한 냉정하게 판단하는 게 좋겠다. 밀려나 있든, 내몰리든 어떻든 간에 최종 결정은 내가 하는 것이다. 회사가 내게 무조건 강요할 수는 없는 것이다. 그러니, 포기할 필요 없다.

어떻게든 버틸 길을 찾아본다.

현재의 상황에서 경험할 수 있는 것들을 더 경험하고 느껴 봐야 되겠다. 내 처지가 아주 그럴싸하고 멋있는 건 아니지만, 다른 처지에 놓이다 보니 다른 풍경들이 보였다. 그래, 그동안 보지 못했던 것들, 생각지도 않았던 것들이 눈에 들어오기 시작했다. 그동안 들리지 않고 보이지 않는 것들이 들리고 보이기 시작했다. 새로운 시각이 생기는 것 같았다. 그래, 이 또한 기회다 싶었다. 다른 시각, 다른 생각을 갖게 해주니 이 상황은 나에게 복이구나 싶었다. 나는 언제든 새로운 자리를 찾아 조직을 떠날 수 있다. 조직도 나를 또 다른 곳으로 내칠 수도 있다. 서로에게 매여 있는 존재가 아니다. 그러한 현실을 뒤늦게 깨우치게 되었다.

지금의 내 처지에서 배우는 게 많을 것 같다. 새로운 도전, 새로운 고민을 매일 하게 해준다. 내가 지금 이대로 머물러도 되나? 라는 질문을 매일 내 자신에게 한다. 이런 상황 속에서 나는 분명히 나의 길을 개척하고 앞으로 나아가야 한다. 그래야, 내가 지금 이대로 머무르는 의미가 있는 것이다. 과거에는 조직이 나에게 의미를 주고 내 가치를 정해주었다면, 이제는 내 스스로 내 의미, 내 가치를 정할 것이다. 그런 생각을 갖게 해준 지금의 이 상황을 감사한다. 이런 처지가 안 되었다면 조직의 생리에 웃고 우는 매여 있는 존재로 계속 지내야만 했을 것이다. 그런데, 그런 묶인 존재에서 조금은 벗어날 수 있게 된 것 같다.

그래도 열심히
애쓰며 지낸다

의도하든 의도하지 않든 뒤로 밀려난다. 스포트라이트 뒤편에 머물게 된다. 가끔, 과거의 향수에 취해 옛이야기를 하며 지금의 신세를 한탄한다. 그런데, 그러는 건 좋은 모습이 못 된다. 과거에 취해 사는 건 좋은 게 아니다. 어떻게든 지금의 처지에서 할 수 있는 것들을 찾아야 한다. 조직이 내게 원하는 바가 없다 한들, 그저 버려진 존재로 머무는 것은 별로다. 어떤 식으로든 열심히 애쓰며 조직에 기여를 하려고 노력하는 게 맞다. 내 진정성, 노력까지 싸구려 취급 받게 내버려두는 건 아니다. 회사는 어떤 식으로든 사람들을 활용할 뿐이다. 언제든 주어진 상황에서 할 일은 분명히 있다. 회사 핑계 대고, 상황을 변명할 필요 없다.

언제든 다른 역할이 주어지면 묵묵히 그 일을 한다. 언제든 상황에 맞게 변하고 또, 새롭게 적응한다. 나에게만 더 힘든 일이 벌어진다고 자책하지 않는다. 그런 어리광 부릴 나이도 아니다. 언제든 떠날 수도 있다. 회사를 나갈 때에는 내 기억, 경험 등 모든 걸 다 두고 나가야 한다. 영원히 머무를 것처럼 생각하지만 나가면 땡이다. 그리고 지금 처지를 불필요하게 비관할 필요 없다. 잘나간다고 우쭐할 필요도 없다. 별로라고 위축될 필요도 없다. 언제든 상황은 변하고 처지는 달라진다. 조직이나 회사가, 사회가 다시 재해석해서 움직일 공간을 마련해주면 그 안에서 또 움직이면 될 뿐이다.

　기회가 없으면 없는 대로 산다. 좀 더 움직여야 되면 더 움직이며 지낸다. 너무 수동적이지 않느냐고 누군가 물을 수도 있다. 그런데, 때로는 조직이, 회사가 원하지 않는데, 먼저 움직이면, 경거망동한다고 싫어한다. 나서지 말라고 말하는데, 되려 나서면 미운털이 박힌다. 그러므로 조용히 두고 보고 기다린다. 그렇게 묵묵히 지낸다. 수많은 싸움과 경험을 통해 알게 된 것들을 어떻게 활용할지 궁리한다. 내가 더 알고 있다고 잘난 척하고 주변 동료들에게 훈계하려 들면 안 된다. 바라지 않는데, 먼저 나서는 것은 주변을 불편하게 할 뿐이다. 최대한 조용히 기여할 궁리를 한다.

　조용히 관찰한다. 먼저 나서고 먼저 얘기하면 주변에서 싫어하고 거부 반응을 보일 수도 있다는 걸 안다. 그래서 소리 내지 않고 상황을 파악한다. 한 사람 이상의 몫은 해야 된다고 생각한다. 그리고 속도 조절을 한다. 조심히 조금 더 힘을 낸다. 수동적이다. 의욕적이지 못하다는 말을 들어도 그 의미를 잘 생각해야 한다.

그런 말에 함부로 넘어가면 안 된다. 전쟁터에서 맨 앞에 나서서 죽으라고 내보내는 총알받이일 수도 있다. 그러므로 상황을 잘 살펴야 한다. 과도하게 열정적으로 일하면 주변을 불편하게 만든다. 조직 전체의 속도를 조절하고 주변을 살펴야 한다.

이렇게 눈치 보는 게 서럽고 안타까울 수 있다. 그러나 다르게 해석하면 그게 조직 전체를 위하는 길일 수 있다. 나만 맞고 남들은 틀린 게 아니다. 속도를 같이 맞추고 같이 준비되었을 때, 집중해야 되는 것일 수도 있다. 그러므로, 너무 나만 생각해서는 안 된다. 주변을 잘 관찰하고 두고 봐야 한다. 그래야, 내가 움직일 여지가 생기는 법이다. 그렇게 생각하고 속도를 늦추면서 움직인다. 내 자신을 다듬어 나갈 시간을 가져 본다. 그렇게 속도를 조절하며 나를 다듬어 놓으면 내가 조금은 내공이 축적될지도 모른다. 그러니, 너무 조급해하지 않는다.

아직
힘이 남아 있다

코미디언 송해는 95세까지 방송 MD로 활동을 했었다. 61세부터 95세까지 무려 34년간 현역 MC로 활동을 했었다. 오랫동안 현역으로 활동한 대표적 사례. 넷플릭스 드라마 오징어 게임으로 유명해진 오영수 씨도 78세이지만 여전히 현역이다. 오징어 게임 이전에는 얼굴은 낯익었지만 인기 배우로 알려지지는 않았다. 그러나 그들은 그런 것 즈음은 개의치 않았다. 그저 자신의 자리를 천직이라 생각하고 오래오래 머무르며 자기 일에 집중했다.

롱런하는 여자 코미디언 박미선도 마찬가지다. 그녀는 아주 오래오래 많은 사람들의 인기를 받고 있다. 특별한 자리는 아니어도 항상 약방의 감초처럼 자리매김하며 TV에 나오고 있다. 중년 방송인으로 더욱 가늘고 길게 지내는 타입이다. 그녀라고 남들보다 두드러지게 스포트라이트를 받는 자리를 바라지 않았을까? 그녀는 영리했다. 무수히 많은 이들이 떴다가 조용히 사라지는 일들을 많이 봤다. 그래서 그녀는 자신의 자리를 어떻게 구축할지 정했던 것이다.

인기 배우들 중에서 지금은 대배우로 인정받지만 오랫동안 무명으로 시간을 보낸 이들이 많다. 인기를 얻지 못하고, 생계가 어려워서 이 일을 계속해야 되나 말아야 되나 고민한 이들이 매우 많다. 그들 중 어떤 이들은 중도 포기하고 다른 길을 갔고, 소수의 배우들은 묵묵히 자기 길을 갔다. 물론 그의 뒤에는 뒷바라지하는 가족들이 있을 것이다. 어떻게든 계속하라고 무한히 지원해 준 이들이 있어서 그들이 버틸 수 있었던 것이다. 포기하지 않았던 이들은 매일이 힘들었을 것이다. 그래도 매일 매일의 날에 충실했다. 그래서 그들은 인기를 얻고 지금의 자리에 있을 수 있는 것이다.

직장인도 마찬가지다. 잠시 잠깐이든, 좀 오래든 뒤로 밀려날 수 있다. 아니, 아예 조직에서 내쫓길 수도 있다. 그러나 그런 일이 언제든 다른 기회가 될 수도 있다. 다른 시각, 다른 생각을 가져다주는 선물일 수 있다. 나이 들어, 뒤로 밀려나 있으면 더 많은 생각을 할 수 있고 삶을 유연하게 바라볼 수 있다. 무언가를 빨리, 서둘러서 하는 것만이 능사는 아니다. 오래 살아남고 천천히 들여다보면서 더 많은 것들을 경험하고 깨우칠 수 있다. 자기만의 중심을 잡고 의연하게 지내다 보면 해야 일의 핵심이든, 뭐든 본질에 더 다가갈 수 있는 안목이 생길 수도 있다.

비록 지금 기회에 다가가지 못했다 해도 실패한 건 아니다. 힘을 다 소진한 건 아니다. 회사가 나를 원하지 않을 수도 있고 상사와 안 맞을 수도 있다. 그러나, 상황이 언제든 변할 수 있다. 그러므로, 실패했다고 생각 말고, 기다려 본다. 또, 아직 때가 오지 않았다면 나의 힘을 비축하고 기다려 본다. 그러다 보면, 언제든 내 힘을 쓸 날이 오지 않겠는가. 오지 않으면 오지 않는 대로 나름의 의미가 쌓일 수도 있다. 그러니 너무 낙심하지 말고 즐겁게 기다릴 각오를 해보자.

남은 이들의 생존 경쟁이
더 치열하다

　IMF 때 실직해서 회사에서 나간 이들은 바깥세상의 어려움을 온몸으로 다 받았다. 그리고 새로운 삶의 모습을 만들어내려고 부단히 애를 썼다. 변해버린 일상에 많이 힘들어했다. 그런데 회사에 남겨진 이들은 그들 나름대로 고통을 겪었다. 나간 이도, 버틴 이도 모두 힘든 시기였다. 전쟁터에서도 곁을 지키던 동료가 죽고 난 뒤 살아남은 이들은 남은 대로 트라우마에 시달렸다. 온갖 죄의식과 불안에 떨며 힘들어했다. 그리고 지금은 그게 일상이 되어버렸다. 나가는 이들이 어찌 사는지 관심조차 두지 않는다. 그저, 머물고 버티는 게 힘들어서 나중을 생각할 겨를이 없다.

　남은 자들은 남은 대로, 더 과로에 시달리고 더 공포에 떨어야 했다. 나도 그렇게 쫓겨날 수 있다는 생각이 현재를 더욱 두렵게 만들었다. 그들은 자기 계발이라는 이름 뒤에 숨으려고 안간힘을 썼다. 새벽에 영어 공부하고 운동하며 체력을 길렀다. 그래야 야근도 하고 퇴근 후 술자리에서 더 오래 견딜 수 있으리라 생각했었다. 그런데, 그런 것들이 생존을 보장해주지 않았다. 어디로 가야 하고 무얼 더 준비해야 될지 더 막막해졌다. 아니 퇴로도 사라지고, 올라갈 사다리도 끊어진 것 같았다. 아무도 믿기 어렵고, 속내를 털어놓기도 힘들어졌다.

이렇게 사는 게 맞나? 라는 질문을 스스로에게 더 하게 되었다. 정말 발버둥 치고 아둥바둥거리면 나중의 삶이 나아질까? 아니, 미래는 괜찮은 걸까? 이런저런 걱정이 더 깊어져 갔다. 회사에서, 조직에서 더 길들여지기 전에 나가야 하나라는 고민을 하는 이도 많다. 물론 나간다고 별 뾰족한 수가 없다. 그래서 머무른다. 너도 나도 해고 통보 받고 내몰리는 현실에서 머무르기만 해도 감사해야 된다는 말에 힘든 티를 내기도 어렵다. 조용히 속내를 숨기고 말 못 할 걱정을 가슴에 담고 산다. 함부로 드러내지 않는다. 무능해 보이지 않으려고 발버둥치지만 쉽지 않다.

남의 시선이나 말 한두 마디에 상처를 입는 경우도 많다. 남들이 나를 피한다는 생각에 자괴감이 들 때도 있다. 내가 이러고 싶어서 이리 된 게 아닌데, 누구에게 변명할 기회도 주어지지 않는다. 그저 머무를 뿐이다. 하루하루 일용직으로 사는 이들이 들으면 배부른 소리라고 말할 것이다. 그러나, 그래도 힘든 건 사실이다. 생존 경쟁에 내몰려서 매일 매일 자신을 닦달하고 압박 받으며 산다. 이래도 되나? 이게 정상인가? 라고 숱한 질문을 해도 제대로 된 답을 듣기는 어렵다.

마음의 여유도 없고 불안에 떨며 사느라 항상 눈치 봐야 하는 처지다. 그래서 목소리도 낮춘다. 몸도 낮춘다. 그래서 더욱 무기력해지고 한심해질 수 있다. 그래서, 이런 불안이나 걱정을 누그러뜨리기 위해 나를 되돌아보고, 무언가를 준비하는 게 좋겠다. 그게 무엇인지는 각자 자기 처지에 맞게, 자신의 생각에 맞춰서 찾아야 한다. 그리고, 그게 맞다면 조용히 나의 시간을 내서 준비해야 한다. 적응해야 한다. 금방 이뤄지지 않겠지만, 시간을 들여야 할 것이다. 그렇게 나를 만들어가는 모습을 가져야 나를 지켜낼 수 있을 것 같다. 언제든 떠날 날이 오겠지만 그 전까지 묵묵히 나의 하루를 잘 채워나가야 되겠다.

끝까지
살아남는다

　버티고 견디면서 나만의 시간을 갖는다. 남의 이목이나 평가가 아니라, 내 스스로를 내가 되돌아본다. 오직 내 자신의 역량과 능력을 키우는 데 집중한다. 꼭 조직 안에서 자아 실현을 하지 않아도 된다. 조직이 부여한 일은 분명 열심히 하고 밥값을 해야 한다. 그리고, 퇴근 이후 시간이나 주말 시간을 이용해서 정말 내가 평생 갖고 갈 나의 능력을 기르는 데 신경 써도 된다. 회사와 언제든 결별할 수 있으므로 퇴직 후의 삶에 대해 내 스스로 준비해 둬야 한다. 내가 회사를 이용하고, 회사도 나를 이용하면 된다.

　회사가 나에게 이럴 줄 몰랐다는 말은 참 순진한 얘기일 수 있다. 회사는 언제든 회사 구성원을 버릴 수 있다. 마찬가지로 직원도 회사를 버릴 수 있다. 이게 지금 현실이다. 그러니, 너무 감정 이입 하지 말자. 그저 지금에 충실하면 되는 것 같다. 그리고, 어떻게든 잘 버티고 성과 내고 오래 머물면, 또 길은 생기기 마련이다. 역사는 마지막에 살아남은 이가 쓴다. 우여곡절, 서러움 모두,

개인이 겪는 것이다. 마지막까지 남아 있으면 남은 이들이 또, 결정하고 또 방향을 정한다.

건강해야 한다. 건강해야 끝을 볼 수 있다. 지루하고 답답한 과정을 거쳐야 결말에 이른다. 지금 힘들어도 버티고 견디고 기다리면, 기회는 온다. 계속 버티고 또 버틴다. 특히나 요즘 같은 시대에는 함부로 밖으로 나섰다가는 뼈도 못 추릴 정도로 금방 무너진다. 어떻게든 조직 안에서 살 궁리를 해야 된다. 그게 최선이라고 본다. 경기가 좋아지고 정말 최상의 기회라는 생각이 들 때, 그때 바깥으로 나설 생각을 하는 게 낫다. 조금이라도 갖춰진 게 없다 싶으면 머무른다.

그럴싸한 역할을 하지 못해도 조직 안에서 머무르며 결말에 이르는 것도 나쁘지 않다. 군대에서도 주임원사로 끝까지 살아남는 이는 극소수다. 아니꼽고 더럽고 별의 별 일이 다 있어도 묵묵히 참아내고 견디는 이가 되는 것이다. 아무나 되는 게 아니다. 직장, 회사 안에서도 끝까지 살아남는 이는 대단한 이다. 가늘고 길게 가는 그런 존재가 되어 보겠다. 그런 각오로 살아야겠다. 그러다 보면 또 중책을 맡기도 하고, 또 더 곤란한 처지로 내몰리기도 한다. 이렇든 저렇든 나가지 않고 버티다 보면 무엇이 되어도 되지 않겠는가.

그러다 보면 또, 운이 좋아서 제대로 된 역할을 하고 또, 뛰어난 성과를 낼지도 모른다. 물론 영영 그런 기회가 안 올 수도 있다. 이런 쪽이 되든, 저런 쪽이 되든 나름의 의미가 있을 것이다. 끝까지 살아남으면 내가 나를 되돌아보며 평가 내릴 것들이 많을 수 있다. 그러므로 좀 더 시간을 더 가져본다. 무엇보다 내 자신이 좀 더 단단한 존재가 되게 시간을 할애하는 게 좋겠다. 물론 회사에서 월급을 받고 생활을 하는 만큼, 회사 일에도 정성을 다해서 성과를 내야 한다. 이 두 가지를 병행해야 한다.

살아남아야 원하는 것을
가질 수 있다

우리네 인생에서 고난은 항상 일어나는 일이다. 피하고 싶어도 피하지 못하는 경우도 있고, 생각지도 못한 어려움 때문에 단련이 되고, 더 강해지기도 한다. 왜 나에게만 이런 어려움이 생기는 걸까라며 자신의 신세 한탄만 해본들 의미 없다. 그런 어려움보다 내가 더 강해질 각오를 하는 게 좋다. 그래야, 최후까지 살아남아서 자신의 기회를 되살릴 수 있다. 밀려나도 버티는 게 좋고, 죽지만 않으면 언제든 다시 고개를 쳐들고 소리 높일 날은 올 것이다.

그러므로 살아남아야 한다. 조직에서 한켠으로 밀려나 있다고 자책하지 마라. 그보다는 잠시 쉬어 가는 시간이라고 생각하는 게 좋겠다. 그렇게 밀려나면 다른 풍경들이 그려지고, 다른 모습들이 눈에 들어오게 된다. 그리고 좀 더 넓은 시야와 사고를 갖게 된다. 내 생각대로, 내 바람대로 세상이 흘러가지 않아도, 괜찮다고 여길 수 있다. 그렇게 자기만의 생존력을 키워나간다. 그렇게 살아남으면 언제든 다음을 기약할 수 있다. 더 단단한 마음과 에너지로 더 높이 도약할 수도 있다. 그러기 위해 지금을 잘 준비한다. 지금 남들이 손가락질하고 비웃어도 개의치 않는다. 그저, 지금은 과정 속에 있을 뿐이다.

아무리 우수한 두뇌여도, 일을 잘해도 살아남는 생존력이 없으면, 그냥 스쳐 지나가는 엑스트라일 뿐이다. 세상에 단명하는 천재가 분명 있다. 그러나, 그들은 대체로 잊혀진다. 사람들의 기억 속에 남아나지 않는다. 너무 짧게 머물러서 사람들이 기억할 겨를이 없는 것이다. 그러나, 멍청하고 우둔해도 오래 머무르고 견디면 그 인내심 때문에 더 많은 것을 겪고 견디면서 강해진다. 그리고, 수많은 경쟁자들을 제치고 자기만의 성을 구축할 수 있다. 답답한 인생이어도, 자기만의 족적을 남길 수 있다.

세상의 역사도 살아남은 이들이 쓴다. 어쩌면 살아남은 이들이 자기들 유리한 대로 왜곡시키는지도 모른다. 아니, 그럴 가능성이 크다. 승자의 시선에서 바라보고 판단해서 그럴 것이다. 그러나 그것조차도 어쩔 도리가 없다. 패자들, 사라져버린 이들에게는 기회도 없다. 변명할 기회도 없다. 살아남으면, 자기변명도 할 수 있고, 자신의 치부도 숨길 수 있고, 다 조정할 수 있다. 그러니, 살아남아야 한다. 살아남고 나면, 많은 전리품들이 주어진다. 죽고 쓰러진 이들이 남기고 간 귀중한 것들이 전부 내 것이 될 수 있다.

내 목소리를 내고 내 기회를 갖기 위해서는 기다릴 줄 알아야 한다. 인생에서 가장 중요한 덕목은 인내심이다. 기다리고 견딘 이들이 갖는 가장 큰 선물이 기다리고 있다. 그러므로 와신상담하고 참고 견딜 줄 알아야 한다. 조급해하면 스스로 몰락한다. 그리고 기다릴 줄 알면, 그 어느 누구도 이기지 못하는 무서운 존재가 될 수 있다. 세상도 어찌 못 한다. 생존력이 출중한 이들은 어떤 순간에도 쉽게 무너지지 않는다. 그리고 자신이 바라는 것을 쟁취한다. 나도 그런 존재가 되어야겠다.

내가 무엇을 원하는지 파악한다

내가 무엇을 원하는지 파악해야 한다. 내가 무얼 할 수 있고, 무엇을 하고 싶어 하는지 알아야 한다. 당장 새로운 길을 모색하려면 막막하다. 걱정도 되고 두렵다. 그러나 이런 감정과 별개로 진지하게 내가 어떤 것을 할 수 있는지 파악해 둬야 한다. 그래야 나의 새로운 길을 갈 수 있다. 물론 그 길을 가려는 데에 많은 준비와 공부도 필요할 수 있다. 그런데 최우선은 내가 무얼 하고 싶은지, 무엇을 할 수 있는지 아는 것이다.

회사를 그만두고 무엇을 할지만 정해져도 방황을 줄일 수 있다. 나의 경우에는 오프라인 유통, 물류, 제조를 거쳐, 지금 온라인 유통에 종사하고 있다. 그리고 언제 조직과 결별할지 모른다. 그러면, 내가 지나온 경력, 경험 속에서 나의 재능, 능력을 찾아보는 게 필요하다. 내가 어떤 일을 할 때 가장 가슴이 뛰고 신나 했는지를 알아본다. 끊임없이 내 자신에게 묻고 또 물어야 할 것이다. 그렇게 파악해 나가는 게 중요하다.

그리고 남에게도 물어본다. 남들이 나에게 어떤 모습, 어떤 일을 요구하는지를 말이다. 그리고, 지금 직접 하고 있는 일을 내가 먹고 사는 일로 변환시킬 수 있는지도 고려해본다. 그렇게 따져 나가다 보면, 길이 열릴지도 모르는 것이다. 방향만 잡혀도 절반 이상은 갖춘 거라고 본다. 물론 하다 보면 시행착오도 있고, 오류도 생기고, 후회나 아쉬움도 당연히 있다. 누구에게나 드는 생각이니, 너무 위축될 필요 없다. 그저 과정이라고 생각하자.

내가 무얼 하면 좋을지 아직 모르겠다고 하면, 나의 과거를 되돌아보는 게 좋겠다. 그리고, 최대한 나만의 시간을 갖고 산책하거나 여행하면서 내 자신의 목소리를 들으려고 애써야 되겠다. 아주 막연해도 좋다. 때로는 글로 옮겨 적어도 된다. 어떤 식이든 자신에게 맞겠다 싶은 방식으로 움직인다. 가만히 있는 것도 방법이고, 활발히 움직이는 것도 방법이 될 수 있다. 각자에게 맞는 형태는 선택하면 된다.

한 번 정했다고 고정불변도 아니다. 다만, 신중히 생각하고 고민하고 따져보며 만들어 낸 것들을 바탕으로 방향을 정하는 게 좋겠다. 어제, 그제, 오늘, 내일, 다음 주, 다음 달 동안 계속 생각해도 변하지 않는 생각, 결정인 게 맞지 않을까 싶다. 누가 뭐라 해도 내 생각, 내 방향, 내 고민이 많이 담기면 그게 나은 모습일 것이다. 그리고 생각해 놓은 방향을 향해 우직하게 내 시간을 들여서 실행한다. 아무리 좋은 아이디어, 생각도 실천하지 않으면 아무 소용 없다. 그러니 행동해야 한다.

나의 세계를
만들고 싶다

　나의 세계를 만들고 싶다. 아주 대단하지 않아도 좋다. 그저 내 의지대로 움직이고 내가 결과도 책임지는 그런 나의 세계 말이다. 그런 세계를 작아도 좋으니 조금씩 만들어 나갈 작정이다. 내가 바라는 나의 세계가 무엇인지 조금씩 그려 나간다. 만들어나갈 작정을 한다. 우선은 나의 현재 상황, 내 희망사항들을 정리해 놓는다. 나의 일상도 살펴본다. 내 몸집을 최대한 가볍게 하고 움직여 나간다. 그런 마음으로 조금씩 시도한다. 도전해 본다.

　내가 경험해 왔던 것들을 적어 본다. 내 기억 속에서 좋았던 것들, 실패했던 것들도 적어 놓는다. 남에게 좋은 노하우를 나누고 싶다. 삶의 희망을 잃고 의지가 꺾인 이들에게 내가 위로가 되고 격려가 되고 싶다. 주변 상황이 좋지 못해 힘들어하는 이들에게 용기와 힘이 되고 싶다. 그들 가슴 속에 숨겨둔 꿈을 끄집어내고 현실 세계에서 이뤄내는 데 도움이 되고 싶다. 더 많은 사람들에게 희망도 되어 보자. 내가 나의 길을 만들어가면 다른 사람들이 이 길을 보고 참고할 수도 있다.

　많은 직장인들이 퇴직 후의 상황에 대해 걱정한다. 나도 마찬가지다. 그래서 지금부터 움직이고 대비한다. 나도 퇴직 후의 삶을 미리 구상하고 만들어 놓고 싶다. 그러려고, 이미 퇴직하고 난 후 새로운 도전을 하는 사람들의 말에 귀 기울이고 있다. 물론, 곧바로 만들어지지 않는다. 시간이 오래 걸릴 수 있다. 그래도 해보겠다고 다짐한다. 서두르지 않고 내가 할 수 있는 것들을 하나씩, 둘씩 해 나간다.

컵라면을 먹기 위해서는 2, 3분을 기다리면 된다. 정성스런 한정식을 차리는 데에는 훨씬 많은 시간이 든다. 좋은 재료를 사 와서, 손질하고 또 준비하려면 시간이 더 필요할 수도 있다. 최고의 음식으로 인정 받으려면 무수히 많은 식사를 차리고 사람들에게 평가도 받아야 한다. 이 엄청난 과정들을 거쳐야 한다. 빨리 이루려는 마음을 최대한 경계한다. 아주 오랜 기간을 두고 천천히 만들어 나간다.

음식 하나도 이런데, 우리의 인생을 재설계하는 것은 더 큰 노력이 필요하다. 더군다나 퇴직 후의 삶이라고 하면 더 힘들 수도 있다. 그걸 인정해야 한다. 나이 든 중년에게 양질의 일자리가 기다리고 있는 게 아니다. 그래서, 무얼 하며 살지 미리 정해야 하고 그것들을 준비하기 위해 더 정성을 쏟아야 한다. 그래야 나의 세상이 아주 적게 만들어질 것이다. 오랫동안 마음속으로 생각만 해 오던 것일 수도 있다. 그러나, 현실로 끄집어내고 조금씩 살을 붙여 나가면 분명 나의 세상이 될 것이다. 그러므로 부지런히 채워나가 볼 일이다.

1%만 살아남는다

직장인들 중 20년 이상 한 기업에서 근무하는 비율은 고작 1% 남짓이다. 매우 어렵다는 얘기다. 그리고 직장인들이 주된 직장에서 평균 퇴직하는 나이가 51세다. 30대 초중반에 사회생활을 시작하면 20년을 견디기가 쉽지 않다는 것이다. 극소수만이 직장 상사와 안 맞아도, 다니는 회사가 불만스러워도 참고 버틴다. 그래도 기업은 언제든지 직원을 버릴 수 있다. 이익을 우선으로 하기 때문이다. 그래서 설마 나에게는 해고라는 일이 일어나지 않는다고 착각하지 마라. 언제든 일어나는 일이다.

회사형 인간이라는 말이 있다. 회사에 자신을 맞추려는 사람, 회사에 자신을 맞추려는 사람, 상사 앞에서는 움츠러드는 사람, 무조건 위로만 올라가려는 사람, 일만 하는 일 중독의 사람 등 자기 자신을 잃어버린 이들을 회사형 인간이라고 부른다. 파우스트가 악마와 거래한 것처럼 자신을 직장에 가둬두고 월급에만 목매며 산다. 자신의 꿈과 희망은 잊은 지 오래다. 그런 부류로 전락하지 않기 위해 부단히 자신을 되돌아봐야 한다.

준비 없는 퇴직은 힘들다. 고통이다. 매일 월요일 아침 새벽에 출근해서 매출 실적을 보고 부진하다고 압박받는 생활을 하던 직장인이 회사를 그만두고도 월요일 아침만 되면 괜히 식은땀을 흘린다. 이제는 그리 압박할 상사가 없는데도 그리 불안감을 느낀다. 퇴직하고 나서 갈 데가 없고, 내 신분이 추락한 듯하여 더욱 말을 잃어버릴 수도 있다.

존재감을 상실하고 자꾸 움츠러들 수 있다. 그런 상황에 처하지 않도록 지금부터 스스로 생존할 능력을 갖춰야 한다. 언제든지 독립할 수 있다는 마음으로 살아야 한다. 곧 현실로 맞닥뜨려야 한다. 직장인이라 생각하지 말고, 독립생활자로 지금 잠시 머물고 있다고 믿어라. 20~30대에 열심히 일하면 나중에 보상받을 수 있다는 착각에서 벗어나야 한다. 40대, 50대에도 우리는 일하며 살아야 한다. 조직 속에서 살든, 조직 밖에서 살든 계속 일하며 살아야 한다. 60대, 70대에도 일하는 사람들이 늘어나는 시대다.

조직 안에서 생존하기 위해 1% 안에 들어가야 하는데, 그 1%에 내 자신이 들어갈 수 있을 거라는 생각은 착각이다. 지금 다니는 직장에서의 비전 외에 나의 미래를 대비한 내 일을 할 수 있도록 준비해야 한다. 퇴직 권유받고 그제서야 정신 차리면 늦다. 후회는 아무런 소용이 없다. 날마다 하루 1~2시간씩 준비해야 한다. 그렇게 나의 미래를 내 스스로 준비해야 한다. 그래야 오래오래 살아남고, 오래오래 일하며 사는, 자신을 만들 수 있다.

방황하는
개인들의 사회

　다른 사람과 기계가 모방하지 못하는 나만의 능력, 기술, 재능을 찾아내고 키워야 한다. 다양한 분야 중 어느 영역에서 내 능력을 발휘할 수 있는지, 확인하고 점검하는 과정이 필요하다. 내가 생각지도 못한 나의 능력이 있을 수도 있다. 그러므로 도전하고 체크 해보아야 한다. 그리고 내가 무엇에 관심이 있는지도 살펴본다. 여러 사람들과 교류도 하면서, 내 능력을 발휘할 곳도 찾아본다. 이렇게 지내야, 길이 열릴 수 있다.

　차츰차츰 활동하면서 나만의 노하우, 능력을 발전시킨다. 장인과 같은 지식과 노하우를 갖추어 나간다. 그러면서, 그 영역의 다양한 사람들과 같이 일한다. 끊임없이 새로운 것을 만들어 낼 수 있어야 한다. 항상 최신 버전으로 업데이트 되어야 한다. 새로운 것을 발견하고 또, 더욱 새롭게 디자인하고 사람들에게 잘 전달하고 잘 이용할 수 있도록 돕는다. 그러면, 1인 기업가로서의 자신의 위치를 더욱 공고히 할 수 있을 것이다.

그렇게 활동하다 보면 조금 더 나은 삶을 추구하는 존재가 될 수 있다. 회사 간판에 기대어 사는 사람이 아니라, 오직 나의 이름으로 일하고 활동하며 사는 존재가 된다. 무엇이든 상상하면 새로운 가능성이 생기는 법이다. 그 상상 위에 내 생각을 올리고, 또 행동을 더한다면 더욱 구체화될 게 분명하다. 그리고, 내가 도전하는 것들이 무엇이든 간에, 우리의 삶에 보탬이 될 것이다. 그걸 위해 더욱 방황하고 또 고민해야 한다. 걱정도 필요하다. 두려움도 있다. 그러한 여러 감정들을 풍부히 발산시켜야 한다. 그래야 지금의 내 현실에 변화가 생긴다. 기회는 그냥 오지 않는다. 우연히 올 수도 있지만, 그걸 잡으려면 평소에 준비되어 있어야 한다. 급변하는 지금의 시대에 꾸준히 배우고 공부하며 준비해야 한다. 그러기 위해 부지런히 새로운 도전을 하자.

지그문트 바우만 『방황하는 개인들의 사회』

이 세상에서 인간의 관계는 일련의 만남의 연속이고, 정체성은 계속 바꿔가며 쓰는 가면이며 전 생애는 덧없는 짧은 기간 동안 기억 속에 존재하는 일련의 단편적 사건들이다. 확실히 알 수 있는 방법은 아무것도 없고, 알 수 있는 것이라 해도 아는 방법은 여러 가지이며, 어느 방법이 더 좋다 나쁘다 말할 수도 없고 모든 방법이 공히 덧없고 믿을 수 없다. 한때 확실성을 추구했던 행위는 도박으로 대체되고, 집요하게 목표를 추구하는 대신 위험을 감수하게 되었다. 이 세상에서 견고하고 의지할 수 있는 것은 아무것도 없다. 자신의 삶의 여정을 엮어 넣을 수 있는 튼튼한 캔버스는 흔적도 없이 사라졌다.

끊임없이 계속되는 사람을 짓누르는 불확실성이라는 여건 아래 살면 의기소침해진다. 무한한 가능성 앞에서 몸이 떨리고 선택해야 할 때 주저하게 된다. 오늘 적합해 보이는 이유가 내일 뼈아픈 대가를 치러야 하는 실수가 될지도 모른다. 미래가 어떻게 될지 알 수 없고 미래를 자기가 원하는 대로 만들려면 어떻게 해야 하는지는 더더욱 불분명하다.

불확실성, 머뭇거림, 통제력 결여, 이 모두 불안감을 초래한다. 이러한 불안감은 새로운 개인의 자유, 새로운 개인의 책임을 얻은 대신 치러야 하는 대가이다.

- 『방황하는 개인들의 사회』에서 -

제2장

역사 속 인물들을 엿본다

역사 속 인물들은
어찌 살았나

역사 속의 인물들은 우리에게 많은 가르침을 준다. 그들의 삶은 우리에게 많은 메시지를 남겨 주었다. 그래서 그들의 삶을 알아보고 그들이 우리에게 알려주는 교훈에 귀 기울이는 게 좋겠다. 위인들이라고 그들의 인생이 순탄하고 항상 승승장구했던 것은 아니었다. 그들도 힘들어하고 괴로워하던 때가 있었다. 그러나 그들은 역경을 이겨내고 자기만의 업적을 만들었다. 그런 그들의 노력과 정성에 관심을 가져본다. 그렇게 그들의 삶에 관심을 갖고 들여다보면 우리네 인생이 조금은 나아질 수 있을 것이다.

1696년 아이작 뉴턴은 영국 조폐국장이었다. 그가 있어 영국은 화폐를 안정화시키고 경제가 몰락하는 것을 늦추어 유지할 수 있었다. 그는 일하는 데에는 철저한 FM 스타일로서 편법이 통하지 않았다. 그는 동전 위조를 엄벌하고 잘 관리하여 그가 재직하는 동안은 위조가 현격히 줄었다. 그는 적게 말하고 많이 생각하는 스타일이었다. 침묵과 고독이 그를 더 내공 쌓인 인물이 되게 해주었다. 물론 그가 의도한 게 아닐 수 있다. 그러나 그의 스타일이 그를 만들어 준 건 분명하다. 그가 재직하던 때에 영국 경제가 안정적으로 유지될 수 있었다.

한때 뉴턴은 자신의 성격으로 힘들어했다. 그러나 나중에는 자신의 성격을 받아들이고 그 모습을 자신의 연구에 잘 맞게 적용시켜 자기만의 성과를 만들어 내었다. 뉴턴의 성격은 자기 어머니조차 감당하기 어려울 정도였다. 오죽하면 자기 어머니가 아들을 케임브리지 대학으로 보내는 데 적극 찬성했었다. 아들과 떨어져 살아야 어머니의 삶이 안정될 거라고 생각했던 것이다. 아들 때문에 어머니의 삶이 너무 힘들었던 것이다. 그는 수학 교수가 된 후 마음 놓고 연구할 수 있었지만 대학교 안에서도 인간관계는 좋지 못했다. 그러나, 그 약점을 되려 연구에 집중하는 모습으로 변모시켰다.

아인슈타인은 결혼하고 두 아들을 두었지만 아들들의 삶은 엉망이었다. 인류 역사의 위인이던 아버지 때문에 아들들은 더욱 불행했다. 아내와도 관계가 좋지 못했다. 위대한 인물이지만 가족들과는 최악이었다. 천재였고 괴팍해서 가족들도 그를 노년에 멀리했었다. 노르웨이 화가 뭉크는 조울증 환자였고 반 고흐는 매독, 우울, 간질 등 여러 질병에 시달렸다. 조지 오웰은 운동을 싫어하고 책 읽기, 자연 관찰하기만 좋아했다. 그래도 아내가 생계를 책임져 준 덕분에『동물농장』,『1984』등의 역작을 세상에 내놓을 수 있었다.

숱한 약점과 역경 속에서도 자기만의 역사를 써 내려갔던 인물들이다. 그들은 완벽한 존재가 아니었다. 비사교적이고 신경질적인 모습을 가진 이도 많았다. 소극적이고 내성적인 이들도 많고, 사람들과의 관계 형성에 어려움을 겪은 이들도 많았다. 그러나, 그것들에 빠져서 인생을 망치지 않았다. 자신들의 약점을 비관하고 인생을 포기하지 않았다. 자기 자신을 극복하려고 무던히 애쓰고, 또 자기만의 길을 개척해 나갔다. 그런 그들의 모습을 분명 배우고 또 흉내 내다 보면 우리네 인생도 괜찮아질 거라고 생각한다.

역사 속 악인들이
우리에게 알려주는 조언

　역사의 인물들은 우리에게 수많은 교훈을 안겨다 준다. 역사 속 인물이라고 위인만 있는 게 아니다. 악인들도 있다. 때로는 악인들이 우리에게 더 많은 가르침을 주기도 한다. 악인들은 그들 나름의 역할이 있다. 어느 편에서 보느냐에 따라서 악인일 수 있지만 또, 다른 편에서 보면 그가 위인일지도 모른다. 우리가 현재 알고 있는 역사의 어느 부분에 왜곡이 있을지도 모른다. 그래서 항상 열린 마음으로 보는 시각도 필요할 것 같다. 어느 유형의 사람이든, 우리보다 먼저 살아온 이들은 분명 우리에게 주는 메시지가 있을 것이다.

　뛰어난 스승은 악마의 모습을 하고 있다는 말도 있다. 우리에게 잘해주는 사람보다 나를 혹독하게 괴롭히고 힘들게 한 이가 우리를 되려 더 성장하게 해준다. 큰 재앙을 피하게 해주고, 견딜 수 있게 해주는 천사일지도 모른다. 항상 좋은 일만 겪은 이가 행복할 거 같지만 실제로는 역경, 고난을 겪은 이가 더 행복하고 감사할 줄 안다. 인생은 참 곤욕스럽고 잔인하다. 그래서 아주 작은 행복이 더 크고 감동적일 수 있다. 어떻게든 살아내자. 살아있기만 하면 분명 나아질 때는 온다. 이렇게 믿으면 견딜 수 있는 것이다.

역사 속의 진정한 스승은 천사의 얼굴이 아니라 전쟁의 적장, 무서운 역병의 모습으로 다가온다고 했다. 한국 반도체 산업에서 일본의 아베 총리는 큰 스승이다. 아베 전 총리가 한국 반도체 시장의 잠재력을 일깨워 준 큰 스승이다. 일본이 단절했을 때, 한국 내부에서 자생력을 갖춰야 한다는 위기의식이 솟아났었다. 아이러니한 일이지만 한국을 궁지에 몰겠다고 극단적인 결정을 한 게 도리어 도움이 되었다. 그리고 중국과 일본 사이에서 한국이 존재하기 때문에 더욱 고군분투하는 면도 있는 것이다. 경쟁국이고 이웃이다.

힘들게 사는 이들은 앞날이 계속 그렇게 힘들 거라고 생각할 수 있다. 고난이 평생 지속될 것처럼 생각한다. 그러나, 항상 상황은 언제 어떻게 변할지 모른다. 나를 힘들게 하는 것들이 되려 나를 더 성장하게 해주는 자극이 될 수도 있다. 그러므로 단면만 보려 하지 말고 여러 면에서 살펴보고 나를 어떻게 자극할지 생각해보는 것도 필요하다. 아무런 행동 없이 생각만 하면 변화는 없다. 나에게 닥치는 불편이나 어려움이 나를 움직이게 해준다. 평상시에는 무얼 하려고 애쓰지 않겠지만 닥치면 가만히 있을 수 없다.

어떻게든 행동하고 움직이다 보면 길이 생길 수도 있다.

  지금 겪는 어려움과 가난이 나를 더 낫게 만들어주기도 한다. 그러므로 절대 서러워하지 않아도 된다. 지금 힘들고 어려운 게 분명 큰 보약이 된다고 생각하자. 이 세상은 똑똑하고 잘난 사람들이 모두 독차지할 거 같지만 그렇지 않다. 똑똑한 사람보다 되려 어리석고 우둔한 이가 더 오래 가고 잘된다. 지금과 같은 시대에는 성실하게 오래오래 노력하며 사는 삶이 최고다. 지금 겪는 일이 어렵다면 좀 더 단련되는 중이라고 생각하자. 전화위복도 있고, 물극필반도 있다. 그냥 되는 건 없고 꾸준히 노력하고 움직이면 길은 열릴 수 있다.

살아남은 자들이
역사를 쓴다

  역사는 살아남은 이들이 쓴다. 지금 사는 게 불안하고 두렵다면 우선 생존을 최우선 과제로 삼고 움직여야 한다. 힘들다면 가만히 있기보다는 움직여야 한다. 지금 활동하며 살아 있음을 드러내야 한다. 우리에게 다가올 미래가 불안하고 겁난다. 당연한 것이다. 그렇게 힘들기 때문에 지금 대비하고 준비해야 한다. 앞으로 어떻게 살아야 할지 고민된다. 그런 고민 속에서 나은 대안이 생긴다. 살아 있는 한 문제는 항상 벌어지고 해결해 나가는 과정이 곧 인생이다.

  어떻게든 어설픈 변신이라도 시도해야 한다. 어떤 식이든 변화를 추구해야 한다. 나이가 들수록 생각이 많아진다. 그런데 생각만 해서는 소용이 없다. 움직여야 한다. 극한의 압박 속에서 처절한 생명력이 샘솟는다. 가만히 있으면 안 된다. 고군분투하다 보면 더 강해질 수 있다. 삶을 원하면 죽음을 준비해야 된다는 말이 있다. 좀 더 몰입해야 된다는 의미일 것이다. 동물들이 생존하기 위해 어떻게 행동하는지도 엿본다. 동물들의 모습에서도 생존의 지혜를 배울 수 있다.

존재감이 뚜렷한 생물들은 진화 과정에서 대부분 절망과 마주한 과거가 있다. 그 절망을 딛고 일어섰기 때문에 진화할 수 있었고 생존할 수 있었던 것이다. 대충 살았던 이가 경쟁력, 생존력을 갖추는 법은 없다. 처절한 생명력은 죽을 만큼의 어려움을 견딘 기억이 있어야 생기는 법이다. 잘나가던 직장이 덜컥 사라지자 생소한 곳으로 어쩔 수 없이 뛰어드는 것이다. 그럴 때, 위기도 닥치지만 기회도 생기는 것이다. 죽음에 내몰리는 이가 생사를 가르는 도전을 할 수 있다.

궁지에 몰리면 더욱 절박해진다. 끝없는 절망과 마주할수록 더 힘들다. 더 고통스럽다. 그러나, 그럴수록 더욱 강해질 시기도 다가온다. 지금 변하지 않으면 죽을 수도 있기 때문에 변하는 것이다. 절대 쉽게 변하는 게 아니다. 정말 간절해야 무엇이든 만들 수 있다. 간절해야 새로운 것을 만들 수 있다. 모든 생물이 죽음을 담보로 한 변화의 노력 끝에 적응한다. 그러므로 정말 새로워지려고 다짐하고 행동해야 한다.

끊임없는 피와 땀, 정성, 눈물이 있어야 한다. 강자와 같이 공존하려면 그와 다른 생존 방식을 찾든지 아니면, 그의 곁을 떠나야 한다. 같은 공간에서 지내려면 어떻게든 적응하고 맞춰야 한다. 어떻게든 필요한 존재가 되어야 한다. 그래서, 스트레스가 심해지는 건 당연한 것이다. 그 스트레스가 변화의 계기가 되고, 또 더 강해지는 연료가 된다. 그러므로 더욱 절박해야 하고 스트레스를 감당할 수 있어야 되겠다. 그래야 살아남을 수 있을 것이다.

18년간 귀양 기간에
500여 권의 책을 펴낸 다산 선생

　다산 정약용 선생은 1836년에 세상을 떠나셨다. 그때 다산의 나이 74세였다. 1762년생인 다산은 36세의 나이에 귀양을 갔었다. 그리고 무려 18년이 지난 뒤에 풀려났다. 55세의 나이에 다시 고향으로 되돌아올 수 있었고, 고향에서 무려 18년을 더 사시다가 돌아가셨다. 귀양에서 풀려난 이후에도 정적들은 그의 정계 복귀를 두려워했다. 견제하고 멀리하고 시기 질투를 멈추지 않았다. 그래서 노년에도 다시 정치를 하겠다는 생각을 가지지 않았다. 다산의 큰아들이 나이 70세에 벼슬자리에 오른 뒤에 겨우 폐족을 면하게 되었다.

　오랜 세월을 귀양 상태로 보내며 스스로 마음을 잡고 살았지만 그의 삶이 쉬웠을 리 없다. 가족이 모두 몰락해서 삶은 피폐했다. 아무도 받아주지 않아서 힘든 고초의 시기를 겪었다. 귀양 초기에는 금세 귀양이 끝날 거라는 기대를 했었다. 다들 그렇게 생각했었다. 몇 년 걸리지 않을 거라고. 정순왕후가 그를 풀어주라고 명

했지만 아래의 신하들을 그 지시를 실행에 옮기지 않았다. 조정에서 자신을 다시 불러줄 거라는 기대가 실망이 되고, 시간이 지나, 어느새 포기로 변했다. 귀양 기간은 꽤 오랫동안 지속되었다. 나중에는 귀양 생활 끝에 죽음을 맞이해야 된다고도 생각했다. 평생 마음을 다스리며 살겠다고 했지만 그게 쉬웠을 리 없다.

다산 선생은 고난을 이겨내는 힘을 스스로 길렀다. 힘든 역경과 곤궁이 그를 더욱 단련시켜 주었다. 하늘이 장차 그를 더 크게 쓰려고 더 큰 고통과 굶주림, 역경을 내렸을 것이다. 만약 다산이 정계에 계속 머물면서 승승장구하는 인생을 살았다면 그리 많은 책을 저술할 수 있었을까? 힘들었을 것이다. 수많은 정적들에게 둘러싸여 어떤 삶을 살았을지 알 수 없다. 그러나 그는 귀양 보내져서, 인생의 궤도가 바뀌었고 다른 인생을 살 수 있었다.

그는 비록 폐족이었지만 역사가 그를 폐족으로 기억하지 않게 하기 위해 공부했다. 온갖 수모와 고통을 이겨내고 날마다 공부했다. 남에게 보여주기 위한 공부가 아니었다. 스스로 생존하고 스스로 기억하기 위한 공부였다. 얼마나 서럽고 힘들었을까? 그리고, 그는 살아 있는 동안 자신의 인생이 복구되지 않았다. 자신의 큰아들이 나이 70세에 나라의 부름을 받을 수 있게 되었다. 그리고 다른 아들은 사람들의 칭송을 받는 책을 저술하는 학자가 되었다. 다산 선생은 오랜 귀양 생활 기간을 공부하고 책을 펴내는 시기로 만들었다. 하지만 죽고 난 뒤 한참 지난 다음에야 겨우 폐족을 면할 수 있었다.

고난으로 무너지는 이들이 대부분이다. 극소수가 고난과 역경을 이겨내고 변한다. 큰 어려움에 처했지만 포기하지 않고 견디고 이겨냈었다. 혹독한 시기를 버티며 때를 기다릴 수 있었던 다산선생의 마음을 배워야겠다. 더 열심히 공부하고 더 인내해야 되겠다. 18년의 귀양 기간 동안 500여 권의 책을 펴내고 늙은 노파의 뒷방에서 기거하면서도 포기하지 않았던 그의 마음을 배워야 되겠다. 누구에게나 삶의 추락은 있다. 그래도 포기하지 않은 그의 일생이 우리에게 전하는 메시지를 잊지 않아야 되겠다.

비판과 고립 속에서도 버텼던 덩샤오핑

 덩샤오핑은 꽤 오랜 기간 동안 각종 고초와 시련을 겪었다. 마오쩌둥과 함께 근대의 중국을 만들었지만, 그는 숱한 어려움을 겪었다. 마오쩌둥의 눈 밖에 나서, 힘겨운 시간을 보내야 했다. 그랬던 그가 중국의 1인자가 되어 중국 경제 발전의 발판을 만들었다. 물론 공과가 있다. 그중 공에 대해 조명해본다. 어떻게 그리 많은 견제와 고초를 겪었지만 견딜 수 있었을까? 절대 쉬운 일이 아니었을 것이다. 비판 받고 고립되고 온갖 원성을 다 들어야 했지만 그는 살아남았고 자신의 시기가 왔을 때, 그 역사의 수레바퀴를 잘 굴렸다. 그리고 지금의 중국이 있게 애썼다.
 그는 부지런히 움직였다. 비판과 고립에 계속 시달렸지만 속내를 드러내지 않고 견뎠다. 많은 적들에게 시달렸을 테데 어떻게 저리 지낼 수 있었을까. 얼마나 많은 울화와 억울함, 서운함이 마음 안에 있었을까. 자신의 아들이 불구가 되고, 최측근들이 죽임 당하고 자신은 시골의 노동 현장으로 내몰렸고, 매일 감시를 받았다. 그래도 그는 티내지 않았다. 속으로 고난을 소화하고 또 넘겼다. 그러면서 그는 더 멀리 내다 보며 더 큰 그림을 그렸다.

그랬기에 그는 근현대의 중국을 그려낼 수 있었다.

그는 3번 넘게 실각하고 가족이 온갖 고초를 겪었지만 포기하지 않았다. 노년의 나이에 다시 중국 지도자의 자리에서 중국을 변혁시켰다. 물론 1987년 톈안먼 사건으로 중국 인민들에게 큰 실망과 충격을 주었다. 그리고 그 때문에 덩샤오핑은 더욱 경제발전에 매진했다. 1978년까지 명확한 청사진이나 비전은 없었다. 그래도 자신만의 패를 갖고 상황에 충실히 맞서 나갔다.

끊임없이 배우고 문제를 해결하고자 노력했다. 1978년 74세의 나이에 마오쩌둥의 그늘에서 벗어나 자신만의 의지를 내보일 수 있었다. 비난과 처벌이 나중의 큰 충복이 됨을 그는 긴 인생에서 체험했고 또 증명해 내보였다. 위기를 겪으면서 견딘 그의 노년이 중국에 큰 헌신을 하며 나라를 부강하게 만들었다. 실각되어 내쫓긴 뒤 꽤 오랫동안 숨죽여 지냈던 그가 다시 일어섰다는 사실에 가슴이 뛴다. 내 인생도 길게 보면 아직 가능성과 꿈이 남아 있지 않을까라는 생각을 하게 해준다.

지금의 내가 긴 안목으로 내 인생을 내다보고 나아가기 위해 덩샤오핑의 인생을 더 깊이 들여다봐야 되겠다. 그의 고초와 인내, 노력을 거울 삼아 조금이라도 흉내 낼 수 있다면 내 인생이 대서사시가 되고 좀 더 감사하고 놀라워할 일로 가득하지 않겠는가. 그러므로 지금의 상황에 너무 절망하지 말고, 의기소침하지 않아야 되겠다. 아무리 힘들어도 포기하지 말고 묵묵히 앞으로 나아간다면 분명, 내가 할 일이 많아질 것이다.

일본의
도쿠가와 이에야스

　일본의 에도 막부 시대를 연 장본인, 도쿠가와 이에야스가 일본에서는 아주 유명한 지도자다. 그는 일본의 춘추 전국 시대를 마감하고 일본을 하나로 만든 유명한 인물이다. 무엇보다도 그의 인생 자체가 인내, 끈기의 대명사로 알려져 있다. 그가 살았던 당시에는 온갖 배신과 불신이 난무했다. 어제의 적이 오늘의 아군이 되고 아군이 적이 되는 일이 비일비재했다. 그래서 사람들 간의 신뢰, 믿음을 가지기 어려웠다.

　형이 동생을 죽이고 부모가 자식을 죽이는 일이 일상이었다. 그래서, 언제든 자기 목숨을 지키기 위해 비열해야 했고 남을 의심해야 했다. 그런 잔혹한 시대를 종식시키고 일본 전체를 평화롭게 만든 인물이다. 그러나 그의 인생 전반은 우여곡절이 엄청났다. 어린 나이에 일본 내 다른 나라의 포로로 잡혀가서 오랫동안 눈칫밥을 먹어야 했다. 힘이 있어야 생존할 수 있음을 뼈저리게 느끼며 성장했다.

그는 어려서부터 볼모로 잡힌 신세였기에, 항상 눈치를 보며 살아야 했다. 언제 어떻게 죽임 당할지 모르는 불안 속에서 살아야 했다. 살아남기 위해 자기 능력을 더 보여야 했고 남들에게 신의를 얻기 위해 더욱 처절하게 노력했다. 그렇게 살았다. 항상 무겁게 태산같이 행동하려 노력했다. 물론 수많은 패배를 맛보았다. 도망가야 했고, 창피함을 무릅써야 했다. 그러나 그는 가장 오랫동안 살아남았고 무수히 많은 적들을 이겨냈다.

부모, 자식, 형제, 자매, 친척 일가가 언제든 자기 등에 비수를 꽂는 일이 일상이었던 나라에 안정을 가져다 주었다. 사람들의 마음은 금세 바뀌지 않고 변화시키려면 꽤 오래 걸린다. 그걸 잘 아는 이에야스는 항상 자기 스스로 검소하게 지내고 현장에서 활동하려 애썼다. 그래서 에도 막부 시대를 시작할 수 있었다. 그 이전의 약탈과 살육이 난무하는 현실이 지옥인 곳을 평화로운 곳으로 바꾸었다.

세상은 무거운 짐을 지고 먼 길을 가는 것과 같다. 서두르지 마라. 세상에 이기는 법만 알고 지는 법을 모르면 그것만큼 무서운 게 없다. 참고 견딤은 무사 장구의 근원이다. 이 문구는 일본 소설가 야마오카 소하치가 이에야스를 주인공으로 쓴 소설 『대망』에 나온 구절이다. 이에야스의 신념, 행동 의식을 엿보게 해주는 글귀다. 그가 어떻게 살아왔는지 알게 해준다. 끝까지 포기하지 않고 인내했던 이에야스를 통해 어떻게 사는 게 필요한지 곰곰이 생각해보게 된다.

로마시대,
카이사르의 후계자 옥타비아누스

　카이사르의 후계자 옥타비아누스가 있다. 그는 병약해 보였다. 그래서 정적들이 그를 가장 우습게 봤었다. 카이사르가 세상을 떠나고 나면 금세 궁지에 내몰려 자리를 빼앗길 것만 같았다. 그래서 아무도 그를 견제하거나 두려워하지 않았다. 되려 너무 만만하게 보고 전혀 경계심을 가지지 않았다. 그를 허수아비로 세워놓고 자기들 마음대로 휘두를 수 있을 거라고 생각했다. 그래서 항상 그는 권력 다툼에서 빗겨나 있었다.

　옥타비아누스는 허허실실 전법을 펼친 것이다. 그는 너무 무기력해 보여 사람들에게 전혀 위협이 되지 못했다. 워낙 대단하고 두려운 존재였던 카이사르 아래에서 말도 제대로 못 꺼내던 이들은 자기들이 쉽게 요리할 수 있는 이가 후계자가 되기를 바랐다. 그래서 옥타비아누스를 밀었다. 1인자가 되어도 제대로 권력을 행사하지 못할 거라고 보았다. 부하들이 우습게 본 존재였다. 그래서 견제받지 않고 살아남을 수 있었다.

그러나 옥타비아누스는 현명했다. 병약한 만큼 조심스럽고 차분하게 상황을 둘러보았다. 그리고 자신의 뜻을 펼칠 수 있을 시기가 올 때를 기다렸다. 경쟁자들이 자신을 경멸하고 모욕하든 말든 개의치 않았다. 자신의 때를 기다렸다. 물론 자신이 카이사르만큼 능력이 출중하지 못하다는 것도 알았다. 그래서 자기보다 더 뛰어난 사람에게 일을 맡겼다. 충성만 보이면 의견을 존중해주고 기다려 주었다. 그랬더니 주변에 인재가 넘쳐났다. 자신의 부족한 점을 대신해줄 인재들이 많아졌다. 그렇게 포용적인 모습을 보여 더 많은 우군을 포섭할 수 있었다.

그는 로마 황제 중에서 가장 오랫동안 살아남았다. 그래서 로마의 질서와 평화를 유지시킬 수 있었다. 병약하고 모자라고 어리석은 이였는데, 그 때문에 더 오래오래 권력을 지속시킬 수 있었다. 자기보다 뛰어난 인재들에게 책임과 권한을 주고 실력을 발휘할 때까지 기다려 주었다. 자신과 의견이 다른 상대를 설득하고 또 상대의 이야기를 들어주고 자신의 편이 될 때까지 기다려 주었다. 그는 전쟁터에서 칼도 제대로 들지 못할 정도로 허약했다. 그러나 기다릴 줄 알았다. 자기 뜻을 드러낼 수 있을 만큼 자신에게 힘이 생길 때까지 기다렸다.

옥타비아누스를 보며 배운다. 비록 힘이 없어도 인내, 끈기로 자신의 때를 맞이할 수 있다는 것을 말이다. 기다리는 동안 차근

차근 자신의 힘을 기르고 준비하면 길은 열릴 수 있다. 지금 약자라고 영원히 약자로 머물지 않아도 된다는 걸 보여준다. 뭐든지 기다리고 생각하며 때가 올 때까지 준비하면 승자가 될 수 있다. 기다리고 또 기다리는 인내가 끝까지 살아남게 해주고 나중에 다 누리게 해준다. 그걸 명심해야 되겠다.

일본 국민작가
마쓰모토 세이초

　마쓰모토 세이초는 1909년에 태어나 1992년, 82세로 세상을 떠난 일본 국민작가다. 그는 42세의 나이에 데뷔한 뒤 무서운 속도로 작품을 펴냈다. 무려 천여 편의 장단편 소설을 세상에 내놓았다. 사회파 추리 소설이라는 장르를 만든 작가이다. 추리 소설의 아버지라고 불린다. 일본 추리소설의 여왕이라 불리는 미야베 미유키는 '세이초의 장녀'를 자처하고 있고, 요코야마 히데오, 모리무라 세이이치, 다카무리 가오루 등의 추리작가들이 '세이초 월드'를 지금도 이어가고 있다.

　하도 엄청난 양의 작품을 내놓아서, 글 공장을 돌린다는 루머에도 시달렸다. 자기 문하에 작품을 내는 사람을 여럿 두고 자기 이름으로 작품을 출시한다는 의심을 받을 정도로 엄청난 양의 작품을 저술했었다. 한국의 이어령 교수도 마쓰모토 세이초에 대해 그다지 좋은 평가를 내리지 않았다. 그러나, 그 어느 누구도 의심 못 할 엄청난 작품을 펴낸 일본 국민 작가임에는 틀림없다. 살아

생전 문단에서 인정을 받지는 못한 비주류 작가였다. 그러나, 현실 세계를 묘사하고, 철저히 파헤친 그의 열정은 엄청났다.

가정 형편이 어려워 소학교를 졸업하고 곧바로 일하러 가야 했던 불우한 유년 시절이 있었다. 아사히 신문사에 입사하여 매우 기뻐했으나 신문사 안에서도 학벌에 따라, 직책이 달라지고, 아무리 노력해도 자신이 기자가 될 수 없을 거라는 절망감에 낙심하기도 했다. 자신이 소학교 출신이어서, 차별과 멸시가 항상 따라다니고 있음을 잘 알고 있었다. 그럼에도 불구하고, 오로지 작품 활동에 매진하며 일생을 살아갔다.

끊임없는 노력과 열정의 대명사였다. 젊은 시절 배우지 못한 학업에 대한 아쉬움을 엄청난 작품 활동으로 승화시켰으며, 좌절과 절망에 머물지 않고, 어려운 가정 형편 속에서도 책 읽기를 게을리하지 않았다. 당시 기준으로 이미 중장년이며 작가 활동을 하기에는 아주 늦은 나이인 42세에 신인으로 데뷔하고 난 뒤, 더욱 대활약을 보였었다. 꾸준한 노력을 자신의 좌우명으로 삼고 살아갔다. 스스로 공부하고 에썼다.

삶에 대한 열정, 애착이 엄청났고, 자신의 한계에 머무르지 않고 오직 노력과 정성을 더 내보이며 살았다. 그는 자신의 작품이 수상한 뒤, 자신의 이력 소개에 소학교라고 적혀 있는 걸 발견한 자녀들의 표정이 흐려지자, 아이들에게 말했다고 한다. 내 작품 소개 이력에는 학력이 적히지만, 우리네 인생 이력에는 학력 따위는 안 적힌다고. 얼마나 열심히 살아왔는지, 그 노력만이 적힌다고 했다. 학벌, 간판에 얽매인 삶을 살지 말라고 자신의 아이들에게 얘기할 정도로 인생 전반이 노력으로 채워졌다. 마쓰모토 세이초는 우리들에게 한계, 환경, 학벌 등을 뛰어넘는 인생을 살 수 있다고 몸소 보여주는 것 같다.

우리 주변에 숨어 있는
인생의 고수들

　우리 주변에 생각보다 많은 인생의 고수가 있다. 우리가 보려고 노력하지 않았을 뿐이다. 그들은 티 내지 않고 조용히 지낸다. 겉멋 들고 과시하고 드러내려고 떠벌리는 이들 중 고수인 경우는 거의 없다. 그보다는 묵묵히 자기 자리를 지키고 소리 소문 없이 일하는 이들이 인생의 고수다. 그들은 대체로 경제적으로도 넉넉하다. 부족함이 없다. 물론 겉으로 보면 옷차림이 허름해 보여서 가난해 보일 수 있다. 그러나, 실제로는 다르다.
　우리가 자주 다니는 거리에 오랫동안 자리 잡고 지내는 가게를 보면, 그냥 대수롭지 않은 것 같다고 여긴다. 그런데 오랜 기간을 영업한다는 건, 모진 풍파와 역경을 견디고 살아남은 것이다. 이들은 적게 벌어도 흔들리지 않는다. 적게 벌어도 견딜 수 있는 이들이다. 많이 벌 때, 또 나중을 위해 더 아끼며 저축했다. 그래서 힘든 시기를 견딜 힘을 가졌다. 돈이 많다고 지금 하고 있는 일을 우습게 보지 않는다. 일상을 소홀히 여기지 않고 소중히 여긴다. 그래서 그들은 지금도 자리매김하고 지내는 것이다.

그렇게 삶을 지켜낸 이들 모두가 인생의 고수다. 나이 들어서도 자신감 넘치고 활력 있게 지낸다. 건강 관리도 잘하고 자기가 하는 일에 대한 프라이드도 있다. 물론 그렇게 살기 때문에 돈은 알아서 따라온다. 그렇게 번 돈을 투기하고 도박하겠는가? 거의 그럴 리 없다. 되려 더 아끼고 절약하고 축적한다. 아주 사소해 보이는 일, 남들이 꺼려하는 일을 더 도맡아 하면서 오랜 기간 내공을 축적해 온 고수들이다.

그들은 대체로 욕심 내지 않고 성실히 산다. 인내심을 가지고 기다릴 줄 안다. 항상 낮은 자세로 지내고 조심한다. 남들을 배려하고 말을 공손하게 한다. 자신이 남에게 1개를 얻었으면 자신도 내놓으려고 애쓴다. 그래야 자기에게 복이 돌아온다는 걸 안다. 남들보다 더 가지지 못한 것을 억울해하지 않는다. 바보처럼 굴고, 남에게 피해 주지 않으려 한다. 그렇게 살기 때문에 인생이 잘 풀린다.

살다 보면 보통 사람들의 인생은 거기에서 거기다. 다들 비슷비슷하다. 크게 뛰어난 소수 말고는 다들 비슷하다. 그런데, 욕심 부리고 이기적으로 살다 보면 나중에 큰 화를 입는다. 신의 있고 성실하게 살면서 남의 인심을 얻는 이들은 나중에 보면 웬만큼 자기 자리를 잡는다. 최소한의 도리, 예의를 아는 사람들이다. 그런 사람들을 보며, 나도 그래야 된다고 생각한다. 주어진 일을 열심히 하며 묵묵히 지내야 되겠다. 그래야, 나도 인생의 고수에 가까워지지 않겠는가.

시작하라,
그들처럼

　서광원 작가의 책 이름이다. 언제였던가, 우연히 집어든 그의 책, 『시작하라, 그들처럼』을 읽고 자리를 뜰 수가 없었다. 느낀 감정에 몰입되었다. 어떻게 이런 글을 쓸 수가 있는지 궁금했다. 마치 내 머릿속에 들어와서 보고 쓴 것 같은 느낌이었다. 물론 내가 그와 같이 멋지고 깊이 있는 생각을 했다는 것은 아니다. 내가 고민하고 힘들어하는 부분들을 미리 알아차리고, 온전히 그의 책에 담아낸 것만 같았다. 그의 책을 읽으며 많은 생각들을 할 수 있었다.

　그의 책은, 사장들의 이야기다. 리더의 자리에서 직원들을 생각해야 하고 조직을 생각해야 하는 그들의 고충을 풀어놓았다. 나도 작지만 사업을 해서 실패를 해본 경험이 있다. 그 때문에 그의 이야기에 공감이 갔다. 생각이 많이 났다. 사장이라는 사람들이 마냥 멋있는 자리가 아닌 더욱 처절하게 힘들고 더 앞선 의식을 가진 사람이어야 한다는 걸 깨달았다.

앞으로의 시대는 더 많이 흔들릴 것 같다고 한다. 누군가는 살아남고 누군가는 사라질 것이다. 살아남는 사람은 더 강해지고, 사라지는 사람은 흔적도 없어질 것이다. 격차가 더 벌어진다고 했다. 소리 소문 없이 사라진다는 말은 소름이 끼친다. 이미 내가 속해 있는 온라인 유통 시장에서 흔적 없이 사라지는 이들이 너무도 많기 때문이다. 살아남는다. 버틴다는 말이 더욱 생생하게 느껴졌었다. 그 말이 주는 무서움이 이리 큰지 몰랐다. 아마 세상 바깥을 나서면 그 무서움은 몇 배 더 커지겠지. 알고 있음과 실제 경험의 차이가 클 것이다.

이제 '중간만 가자' 라는 유형의 사람들은 사라질 것이다. 대세를 따르고 변화를 싫어하고 새로운 시도를 하는 사람들을 옆에서 뜯어말리는 이들은 점점 눈총을 받을 것이다. 그들은 조직의 울타리 안에서 머물고 싶어 하고 안정을 추구한다. 그런데 아이러니하게 그리 안정을 찾는 이들이 제일 먼저 그 안정을 박탈당할 것이다.

새로이 도전하고 또 앞장서 나가는 이들은 새로운 시장을 발견하고 더욱 강해지기 마련이다. 내공이 더 세어지고, 더 추진력이 강해진다. 지금 흔들린다면, 더 감사해야 될지도 모른다. 그 흔들림이 나를 더 강하게 만들어주는 과정일 수도 있기 때문이다. 나를 성장 시키는 계기가 된다. 사람은 누구나 생존의 위협을 느끼면 다 변하게 된다. 모든 걸 다 바꿔야 살아남을 수 있음을 본능으로 느끼는 것이다.

　적지 않은 시간을 직장인으로 살아왔다. 매달 나오는 월급에 익숙해져 있다. 앞으로도 계속 이렇게 월급 받으며 살 수 없다. 착각하면 안 된다. 언제든 종착점은 온다. 그러나, 지금 당장은 몸이 익숙해진 상태에 놓여 있다. 분발하고 발전해야 하는데, 쉽지 않다. 시작해야 하는데, 시작할 것인데, 자꾸 미루려고 한다. 문제다. 그래서,『시작하라 그들처럼』이라는 책을 좀 더 들여다봐야 할 것 같다.

　"남들도 다 그러는데 뭘"이라는 말로 자꾸 내 자신을 합리화시켜서는 안 된다. 정신 차리고 새로운 도전에 나서야 한다. 내 인생을 내가 주도적으로 살 수 있도록 지금 시작해야 한다. 오직 나의 이름으로 세상에 나서기 위해 부지런히 지금 준비해야 한다. 그러기 위해 나보다 먼저 시작한 그들의 모습을 엿보기로 한다. 그리고 시작한다. 그들처럼.

짓밟히고, 멸시 받던 민초들이
나라를 지켰다

　임진왜란 때, 나라의 임금도 수도를 버리고 도망가고 정규군도 일본군 앞에 허무하게 패배하고 죽어 나갔다. 나라의 존폐 위기를 앞두고 멸시 받던 백정, 스님, 비주류 양반들이 나라를 지키겠다고 의병이 되어 적 앞에 나섰다. 자발적으로 나선 것이다. 누가 하라고 시킨 게 아니다. 지난 6.25 때는 학도병들이 전쟁에 참여했었다. 항상 이 강토를 지키던 이들은 기득권, 힘 있는 권력층들이 아니라, 민초들이었다. 그 민초들의 노력과 정성이 있어, 이 나라가 지금도 존재한다고 본다.
　민초라고 불리던 이들이다. 민초들은 시대마다 하찮게 여겨졌다. 평범한 백성들을 민초라고 부르는데, 그들의 생존력은 엄청났다. 억척스럽게 살아왔고, 사람들의 마음속에 여전히 에너지가 남겨져 있다. 특히나 우리 한국 사람들에게는 역경을 극복하는 DNA가 모두에게 있다고 생각한다. 그러니, 그 마음을 끄집어내어 우리네 삶을 잘 개척하는 데 사용하면 좋겠다.

　우리가 살아가는 세상이 부조리하고 억울한 일들이 넘쳐나도 그래도 희망이 사라지지 않고 지금 이때까지 유지되는 건, 분명 우리가 잊고 지낸 무수히 많은 영역에서 묵묵히 일하는 민초, 보통 사람들이라고 생각한다. 거리를 수십 년째 지켜오는 자영업 가게들 사장, 우리 산업 곳곳에서 열심히 구슬땀 흘리며 최선을 다하는 노동자들, 자기 자리에서 정성을 쏟는 모든 평범한 보통의 사람들이 우리의 바탕이고, 또 저력이라고 생각한다.

힘이 강하든, 약하든, 돈이 많든 적든 간에 우리는 각자 자기만의 몫이 있다고 생각한다. 그리고 그들의 노력과 노고 때문에 우리가 지금의 시대를 누리고 있다고 믿는다. 포기하지 않고 희망을 얘기하고 또, 더 애쓰는 사람들이 우리에게 날마다 교훈이 되어주고 지침이 된다. 여전히 바뀌어야 하는 것도 많고 아쉽고 답답한 것들도 많다. 그러나, 우리의 의식이 깨어 있고, 개선 시키겠다는 각오가 살아 있다면 분명히 우리의 세상은 발전하고, 개개인들도 나은 존재가 될 수 있을 것이다.

나는 나의 처지에서 부단히 노력하고 땀 흘리며 살 작정이다. 그런 각오와 마음가짐이 내 삶을 지탱해주는 무기라고 본다. 하다 안 되면 잠시 쉴 것이고 또다시 힘이 나면 또 도전할 것이다. 그렇게 계속 전진할 작정이다. 누가 인정하고 안 하고가 아니라 내 스스로 삶을 지탱하며 살 것이다. 나 자신을 도와줄 이는 오직 나 자신뿐이라고 믿는다. 우리의 역사 속에서 고군분투하며 살아오던 무수히 많은 이름이 알려지지 않은 이들이 더욱 많은 가르침을 준다고 생각한다. 그래서 나 또한 애쓰며 살아야 되겠다.

제3장

준비 안 된 사람들은 어떻게 하나

좀 더
버틴다

　나갈 준비가 덜 되었거나 아직 대비 안 된 사람들은 어떻게 해야 할까? 인생 2막으로 넘어가기 위한 준비가 안 되었다면, 어떻게든 준비할 시간을 만들어야 한다. 그래서 만약 회사로부터 내몰려야 하는 처지에 놓여 있다면 어떤 식으로든 회사와 협의하여 시간을 벌어야 한다. 만약 회사가 그런 것을 용납하지 않는다면, 어쩔 수 없이 스스로 버티면서 시간을 확보해야 한다. 물론 말처럼 쉽지 않다. 그러나, 이 세상에 말해서 조정 안 되는 것도 없다. 그러니, 어떻게든 시간 확보 노력을 해야 한다.

　최대한 버텨야 한다. 버티는 게 힘들어도 어쩌겠는가. 참아야 한다. 뛰쳐나가고 싶고 울컥하는 마음을 누그러뜨리는 법을 스스로 만들어야 한다. 억울하다, 서럽다고 말해도 아무도 도와주지 않는다. 스스로 참으며 견뎌야 한다. 내 시간은 누가 만들어주는 게 아니다. 어떻게 그럴 수 있느냐고 말할 수도 있다. 그러나, 나오고 나면 알게 된다. 어떻게든 그 안에서 싸우든, 비굴하든 견뎠어야 했었다는 것을. 조직 안에 있을 때는 아무리 서럽고 억울해도 그 안에 있기 때문에 누리는 게 있다. 그러나, 나오면 정말 아무것도 없다. 그 어떤 감정 찌꺼기도 전부 다 쓸모가 없다. 그건 그 안에 있을 때에만 의미가 있는 것이다.

현직에서 물러난 고참들이 말한다. 어떻게든 버티라고. 그게 뻔한 얘기이지만, 이미 나온 이들은 뼈저리게 느끼는 감정이다. 그래서 그들이 후배들에게 그리 말하는 것이다. 무슨 수를 써서라도 버티면서 내 시간을 만들어야 한다. 그리고 그렇게 만든 소중한 시간에 나를 다듬어야 한다. 새로운 출발을 할 수 있는 힘을 길러야 한다. 그래야, 바깥세상에서 조금이라도 덜 힘들게 지낼 수 있다. 내게 주어진 시간이 얼마나 되는지도 파악해 둬야 한다.

물론, 그만둬도 다 알아서 산다. 이렇게 말하는 이들도 있다. 그러나, 무책임한 말이다. 나도 준비 없이 나와서 개고생했으니, 너도 그래 봐라고 하는 심보밖에 안 된다. 누구에게나 힘들지만, 극소수는 미리미리 준비해서 조직을 떠나서도 나름 잘 지낸다. 준비 못 한 이들만 바보 되는 것이다. 조직 바깥은 참혹하다. 아무도 안 도와주고 아무것도 없는 그냥 사막이다. 꽤나 척박하다. 눈앞에서 대놓고 앞통수를 친다. 그러고도 뻔뻔하게 도망가지도 않는다. 니가 힘이 있으면 나를 넘어뜨리고 그게 아니라면 수업료 냈다고 생각하고, 그냥 참으라고 강요한다.

그러므로 어떻게든 바깥세상에서 행동할 에너지를 조직 안에서 기르는 게 좋다. 그래야 나가서도 견딜 수 있다. 조직 안에서 머물며 버티고 참는 거는 아무것도 아니라고 말한다. 조직 안에서는 유령인간이니 월급 루팡이니 해도 존재하기에, 월급을 받고 남의 눈총도 받는 것이다. 그러나 바깥세상에서는 사기꾼들 말고는 나에게 1도 관심을 보이지 않는다. 그래서 더욱 나가서 스스로 설 수 있게 준비해야 한다. 험난한 세상에서 잘나가기 위해서가 아니라, 몰락하지 않기 위해서 준비할 시간을 가져야 한다. 예기치 못한 어려움에 끌려다니며 시간 낭비, 에너지 소비 등을 겪지 않으려면 반드시 준비해야 된다. 그래야 생존할 수 있다.

시간을
벌어야 한다

내 시간이 필요하다. 그 시간들로 내 자신을 준비된 상태로 만들어야 한다. 말로는 준비한다고 하지만, 이런저런 이유로 시간을 못 낸다고 얘기하는 이들이 많다. 입으로만 떠들고 실행하지 않는 이들의 변명이다. 그런데, 내 목에 칼이 들어오면 어떤 식으로든 발버둥치고 변하려 한다. 시간을 확보 못 한다고 말하는 건, 지금 절박하지 않다고 말하는 것과 같다. 점점 우리에게 허락된 시간은 줄어들고 있다. 그러니, 마음 단단히 먹고 나의 시간을 확보해야 한다. 그렇게 나의 시간을 가져야 한다.

어떻게든 내 미래를 준비하려면, 저은 양의 시간이라도 일정하게 확보해야 한다. 지속적이어야 한다. 지속적이어야 축적할 수 있다. 하다가 말다가 하면 축적되지 않는다. 물론 그렇다고 작심삼일이 의미 없다는 건 아니다. 이왕이면 적은 시간으로 부담 없이 꾸준히 사용할 수 있게 시간 내는 게 먼저다. 그리고, 어느 시점에는 습관이 들어 안정적으로 시간을 확보하고 실행하게 하면 좋다. 그러면서 절대적인 시간도 늘려야 한다. 그래야 나의 미래를 위한 대비를 할 수 있다.

매일의 습관, 데일리 루틴이 잘 갖춰지면 사람은 평온해진다. 그 일을 하는 데 드는 에너지를 최소화할 수 있어서, 심리적으로 안정이 된다. 그리고 차츰차츰 삶이 안정적으로 변한다. 종교인들은 대체로 규칙적인 일상을 보낸다. 정해진 시간에 그들이 반복적으로 하는 활동들이 그들에게 평안을 선물해준다. 그리고, 긴 호흡으로 일상을 보낸다. 그래서, 그들의 수명이 가장 길다. 마찬가지로, 데일리 루틴은 평범한 사람도 성공하게 도와준다. 매일의 시간을 사용하게 해주고 재능을 축적하게 해준다. 그러므로 데일리 루틴의 시간을 가져야 된다.

나에게 맞는 데일리 루틴을 가져야 되겠다. 아침이 좋을지, 저녁이 좋을지, 점심시간이 좋을지는 각각의 사정에 따라 다르다. 그건 자신이 가장 잘 알고 있으니, 자신에게 맞는 시간을 마련하면 된다. 그렇게 마련한 시간은 온전히 자기 자신에게 쓴다. 돈을 저축하는 것처럼 시간도 저축해둬야 한다. 그렇게 나를 위한 운동 시간도 갖고 글 쓰는 시간도 갖는다. 그리고, 내 일을 구상하는 시간도 갖는다. 그렇게 규칙적인 시간을 가지면, 내가 좀 더 몰입하고 적응하기 쉬울 것이다. 그렇게 되면, 지금 당장은 서서히 내 자신이 발전할 것이다.

무라카미 하루키는 매일 새벽 4시에 일어나 몇 시간씩 글을 쓰고 오후에 1~2시간씩 수영이나 달리기를 했다. 그리고 저녁 9시에 잠을 잤다. 그렇게 30년 넘게 규칙적인 일상을 가졌었다. 그래서 다작을 하는 작가가 될 수 있었다. 군더더기는 걷어내고 자기만의 시간을 확보한 것이다. 물론 하루키가 했다고 나도 할 수 있는 건 아니다. 그래도, 누군가 그렇게 했다고 하면, 나도 비슷하게라도 도전해볼 수 있지 않을까라고 생각해본다. 그리고 내 자신에게 맞는 형태의 내 시간을 가져볼 시도를 해 본다.

지금부터라도
준비해야 한다

늦었다 싶은 마음이 든다면 지금 바로 움직이면 된다. 지금부터 부지런히 움직이면 된다. 늦었다고 생각 들면, 남들보다 힘을 더 쏟으면 된다. 물론, 과도하게 몰입하다가 방전되어서 나가떨어지면 안 된다. 그러므로 서서히 에너지를 쏟아야 하고 내 자신이 먼저 적응하는 과정이 필요하다. 그렇게 스스로 체력을 관리하면서 에너지를 사용한다면 오래오래 지속할 수 있다. 평생 내 자신의 일을 구축하며 살 수 있다.

남들이 수월하게 돈을 버는 모습을 보고 나도 해볼까라는 마음으로 뛰어들면 백전백패. 절대로 그래서는 안 된다. 세상 일이 절대 호락호락하지 않다. 쉽지 않다는 걸 잊지 않아야 한다. 되도 그만 안 되도 그만이라는 마음은 확실하지 않을 때에 갖는 마음이다. 그런 마음이 드는 게 당연하다. 그러나, 이 일이 정말 내 일이고, 내가 평생 할 일이라고 확신이 들었다면 그때부터는 모드를 달리해야 한다. 정말 현장 밑바닥에서 내 몸을 갈아서 넣어야 될 정도로 움직여야 한다. 그래야 내 것이 된다. 내가 그 일에 걸맞은 사람으로 변신할 수 있다.

남들이 괜찮다고 말하는 일에는 웬만하면 기대를 품지 않는 게 좋다. 괜찮다고 말하면, 그만큼 경쟁이 치열할 것이다. 소문 난 잔치에 먹을 게 없다라는 말이 괜히 나오는 게 아니다. 경쟁이 심하면 내가 아무리 움직여도 내가 드러나지 않을 가능성이 크다. 도리어, 조용히 독식하는 시장을 찾는 게 좋겠다. 나만의 영역을 확보하기 위해 움직일 궁리를 하는 게 좋다. 누가 뭐라 해도 나만의 길을 갖도록 움직인다.

남들이 안 된다고 하는 일에 되려 기회가 있을 수 있다. 남들이 꺼리는 일은 진주 같은 보석이 숨어 있는 곳일 수 있다. 허드렛일을 묵묵히 해 나가다 보면 내가 빛을 볼 기회를 가질 수 있을 것이다. 보통 사람들 눈에 돈이 안 된다고 느껴지면 그건 이제 시작이기 때문일 수 있다. 아직 원석이어서 손이 많이 갈 수 있다. 그러니 그 원석 안에 숨겨진 보물을 볼 수 있는 안목이 있다면, 그 원석을 다듬을 각오를 해야 한다. 물론 돈 안 되어 보이는 일에서 돈을 벌려면 정말 많은 준비를 해야 한다. 준비해도 일이 제대로 안 풀리는 경우가 태반이다.

더욱 오래 머무르고, 남들보다 더 오래오래 일할 생각을 해야 되겠다. 늦게 시작한 만큼 더 오래 일하고 더 많이 고민하면 분명 잘될 수밖에 없다. 물론 기회가 생각한 것보다 빨리 오지 않을 수 있다. 기다리다가 지칠 수도 있다. 그러나, 참고 견디며 기다리면, 분명 기회는 올 것이다. 내 영역을 확보할 기회 말이다. 평생 머물고 오래오래 정성을 쏟을 거라고 마음 먹으면 잘될 수밖에 없다. 그런 마음이 나에게 인내심도 주고, 끈기도 가져다 줄 것이다. 그러니, 늦었다 생각되어도 포기하지 않고 계속 움직여야 되겠다.

그래도
떠나야 한다

우리가 조직을 떠나야 할 때는 언제고 온다. 누구에게는 좀 이르게, 어떤 이에게는 좀 늦게 올 뿐이지, 우리 모두에게 그때는 온다. 떠나야 할 때가 좀 늦게 오면 좋겠지만, 언제까지 미룰 수는 없다. 그래서 항상 떠날 날을 떠올리며 나중을 대비해야 한다. 나중에 무얼 하며 살지를 정해야 한다. 나는 정년까지 일하고 그 이후에는 일하지 않을 것이기에 이런 생각이 필요 없다. 이렇게 말하는 이들도 있다. 그러나, 나중의 일을 함부로 예단하는 것만큼 어리석은 일은 없다. 아무도 장담 못 하기 때문이다. 요새는 나이 60, 65세에도 젊다. 일하지 않고 살기에는 너무 무료하다.

우리는 정년 이후에도 일하며 살아야 하는 시대에 살고 있다. 장수가 축복이 아니라 재앙이라는 말이 괜히 나오는 게 아니다. 자신의 건강이 허락하는 나이보다 더 길게 살까 봐 걱정해야 된다. 일하지 않고 놀기만 하는 것도 그럴 수 있는 재주가 있는 사람에게 허락되는 삶이다. 보통의 사람들은 일을 그만두면, 그 일과 관련

된 인간관계도 단절되면서 삶이 위축된다. 빚이 없고, 건강만 허락해도 나이 들어서도 적당한 일을 하며 사는 게 일반적이다. 그런데, 빚이 많으면, 나이 들어서도 고된 일을 피할 수 없다. 그래서 어떻게든 미리미리 준비해 둬야 한다.

병 들었는데 돈 없고 일자리도 잃으면, 가족들에게 큰 부담을 줄 수 있다. 어떻게든 자기만의 일을 확보해야 한다. 주된 직장에서 떠나게 되면, 그다음에 뭐 할지를 생각해야 한다. 미국에는 '노마드랜드'들이 매우 많다. 그들은 자신의 수입 범위 안에서 주택 거주 비용을 감당하기 어려워서 움직이는 차량을 집으로 삼고 여기저기 유랑하며 산다. 정주할 수 없는 처지다. 그들의 모습이 우리네 현실과 비슷하다고 볼 수 있다. 언제든 어려움은 닥칠 수 있다. 그러니, 너무 지금에 안주하고 안락함을 편안해하면 안 될 것 같다. 언제든 떠나서 새로운 길을 찾아 나서야 한다. 그러므로 항상 염두에 두고 지내야겠다.

우리에게는 언제든 위기가 닥칠 수 있다. 보통 사람들에게 실직, 사업실패, 이혼, 가족의 죽음 등 힘든 일이 많이 생긴다. 힘들고 어려운 일은 항상 벌어진다. 피하고 싶어도 피하지 못하는 일들이 많다. 그중 하나인 실직을 우리는 냉정하게 생각해둬야 한다. 앞으로 닥칠 일이기 때문이다. 월 고정 수입이 끊긴다는 게 무얼 의미하는지 따져 봐야 한다. 그리고, 지금의 자리에서 떠나 무엇을 할지를 궁리하며 살아야 한다. 항상 나중에 무얼 하며 살지를 떠올리며 지내면, 뭐가 중요하고 뭐가 덜 중요한지도 파악하게 된다.

현재에 안주하지 않을 때, 나중을 위해 대비할 때, 나의 다음 모습이 마련되는 것이다. 나태하고 어리석은 모습을 벗어날 길이 열리는 것이다. 그러므로, 지금 당장 마음을 단단히 먹고 떠날 날을 생각해둬야 한다. 언제든 떠날 생각을 하고 있으면 지금을 소중히 여기고, 다음을 준비하게 될 것이다. 유연해지고, 좀 더 미래를 대비하는 자세를 갖게 될 것이다. 좀 더 넓은 시야를 갖게 될 것이다. 그러므로 항상 떠날 때를 떠올려야 된다.

언제든 궤도 수정은 필요하다

　세상이 무서운가? 정말 무섭다면 내 자신이 세상보다 더 무서운 존재가 되면 된다. 〈황금의 제국〉 드라마 대사다. 무서운 일이 너무 많은 세상이어서, 별의 별 생각이 다 든다. 당연한 모습이다. 그렇게 두려움을 갖고 지내는 게 도리어 안전하게 사는 길이다. 앞으로의 삶이 더욱 무섭다. 언제 어떻게 무슨 일이 벌어질지 모른다. 그래서 더욱 대비가 필요하다. 무슨 대비를 해야 될까? 나에게 뭐가 더 필요한가라는 질문이 생긴다. 그게 시작이다. 그렇게 질문을 하고 답을 어떻게 찾아갈지 고민해야 한다.

　나중을 대비하기 위해 내게 뭐가 먼저 필요한지 생각한다. 가장 먼저 건강을 챙겨야 한다. 체력이 바탕이 되어야 무슨 일이든 할 수 있기 때문이다. 내가 무엇에 관심이 더 가는지도 떠올려 본다. 내 재능이 어떤 일에 적당할지도 생각한다. 그리고 언제든 나에게 닥칠 상황들에 잘 대응하기 위해서는 항상 주변을 관찰하고 확인해야 한다. 그리고 내 생각이 틀렸다면 곧바로 수정하는 유연함도 있어야 한다. 그래야 잘 적응하고 잘 살아남을 수 있을 것 같다. 경직되게 지내면 부러지거나, 난감한 일이 생길 것 같다.

앞으로 닥칠 위기를 대비한다는 것은, 결국 마음가짐과 태도를 단단히 하는 것도 있지만, 저축해서 돈을 모으는 것도 필요하다. 돈은 우리네 목숨줄이다. 있다가도 없다가 하는 게 아니다. 절대로 없어서는 안 되는 것들이다. 왜 경제 위기 때에 여성들이 몸을 팔겠는가. 그리스에서 경제위기 때, 엄마가 딸아이를 관광객들 앞에 내놓는 이유가 뭐겠는가? 다, 돈 때문이고 먹고 살려고 하는 짓이다. 그걸 잊지 말아야 한다. 현실은 참혹하고 어렵다. 그러므로, 경제 위기를 대비하기 위해 돈을 꼭 마련해둬야 한다.

현실을 잘 견디기 위해 철저히 소비를 줄여야 한다. 직장 안에 머무를 때에는 고정 수입이 보장되어서 계획적인 생활이 가능했다. 그러나, 인생 2라운드를 자영업, 창업으로 정한다면, 상황은 완전 180도 달라지게 된다. 그럴 때에는 돈, 현금이 더욱 큰 역할을 한다. 그래서 더 신중하게 지갑을 열어야 한다. 경제 위기 앞에 살아남기 위한 일은 불법 빼고는 다 해야 된다. 그래야, 나와 가정이 무너지지 않는다. 힘이 있는 사람들에게 돈이 가깝고 약자들에게는 감옥이 가깝다. 그래서 내게 힘이 없을수록 더욱 돈을 모아 둬야 하고 삶을 지키기 위해 내 몸을 낮춰야 한다. 구설수에 엮이지 않게 조심해야 한다. 작은 일에도 휘청거릴 수 있기 때문이다.

생활고에 몰려서 자살하는 이들도 늘고 있다. 지금은 함부로 일을 벌여서는 안 될 때 같다. 욕심도 줄여야 하고 소비도 줄이고, 최대한 다운사이징 하면서 기회를 봐야 한다. 유연하게 움직이고, 함부로 큰돈이 나가는 결정을 하지 않아야 한다. 직장 안에 머물 때는 대부분 예측 가능한 범위 안의 일과 사람들을 만났다. 그러나, 바깥세상에서는 상식이 통하지 않는 악인들도 많고 별의별 상황이 다 벌어지니, 더욱 정신 차리고 지내야 한다. 타인을 함부로 아군, 적군으로 나누지도 않아야 한다. 오늘 우군이 내일 적이 되기도 하고, 상황이 더 급박하게 돌아가기도 한다. 그래서 더욱 유연해야 되겠다. 언제든 상황이 뒤집어진다는 걸 받아들여야 되겠다.

준비될 때까지
기다리고 또 기다린다

내가 원하는 시점이 빨리 오지 않을 수 있다. 오래 걸릴 수 있다. 그러니, 낙심하거나 답답해하지 마라. 무슨 일이든 어느 정도 시간이 필요하다. 씨앗을 뿌리고 서둘러 꽃이 피기를 바란다고 꽃이 피지 않는다. 조바심 내고 서두르는데 일이 잘될 리 없다. 무슨 일을 하는 데에는 시간을 들여야 한다. 기다려야 한다. 인내심, 끈기, 참을성 이런 게 매사에 필요한 것 같다. 기다릴 줄 알아야 나의 때가 오는 법이다.

지금 조직에 속해 있지만, 곧 나갈 생각을 하는 이도 있고, 지금 이 조직에서 뼈를 묻겠다는 이들도 있고, 천차만별이다. 그런데, 어느 누구든간에 평생 현재의 일을 할 수는 없다. 그래서 언제든 나갈 때가 오기 때문에, 인생 2라운드, 3라운드 즉, 다음 단계를 생각해야 한다. 그리고 그다음 단계를 위해 공부하고 시간을 들이고 준비해야 한다. 어느 일에 초점을 맞추고 공을 들일지도 정해야 한다.

그런데, 노력하는 중간중간에도 고민과 걱정이 늘어난다. 과연 내가 가려는 이 길이 나에게 맞는 걸까? 헛수고 아닐까? 내가 아무리 노력해도 원하는 결과를 못 만들면 어떡하지? 이런저런 걱정과 염려가 생긴다. 어쩌겠는가. 이런 걱정과 고민은 누구에게나 있는 것임을. 이런 과정을 피할 수 없다. 어떻게든 계속 해 나가면서 스스로 확신을 가지게 되는 것 같다. 그냥 되는 것 없다는 것이다. 차근차근 움직이고, 또 진도 나가야 되는 것 같다.

내가 정말 준비가 다 되었다고 생각될 때, 그때 움직여야 된다 생각이 든다. 그런데, 그렇게 생각만 하다가 기회가 가버리면 어떻게 하나 걱정도 한다. 버스가 한 번 지나치면 다시는 그 버스를 못 타게 될까 조바심 나기도 한다. 그런데 버스가 지나가고 나면 분명, 다음 버스는 또 온다. 그러니, 이번에 기회를 잡지 못했다면 다음 기회를 기다리면 된다. 기다리고 또 기다리면 된다고 생각한다. 그러니, 너무 조급해하지 말자. 서두르지 않고 차근차근 움직이면 좋을 것 같다.

누가 뭐라 해도 내 인생이고 내 삶이다. 남이 대신해주지 않는다. 남들은 내가 무언가를 준비하고 앞으로 나아가려고 할 때, 발목 잡을 가능성이 크다. 나보다 잘나가는 사람을 시기질투하지 응원하고 격려하는 이들은 적다. 그게 불편하지만 세상이다. 그리 생각하고 내 스스로 인내하고 기다리며 준비해야 되겠다. 내가 준비되고 내가 스스로 축적해 나간다면 그게 무엇이든 간에 그건 내 것이다. 내가 기다리고 공을 들여 만든 내 것이다.

평생 준비하고
또 도전한다

우리는 무엇이든, 준비하고 대비해야 한다. 학생들은 수업을 듣기 전에 예습하고 수업에 집중하고 모르는 것에 대한 궁금증을 해결해 나간다. 그리고 수업이 끝난 뒤에 복습을 한다. 이렇게 공부하는 우등생들은 교과목에 대한 이해도를 높이고 좋은 성적을 낸다. 그처럼 항상 예습, 본 학습, 복습을 지속적으로 하면 잘될 가능성이 높아진다. 우리네 일에도 비슷하게 적용된다. 그냥 닥치는 대로 움직이는 것과 미리 대비하고 적용하는 것은 차원이 다르다.

최대한 반복학습이 최고다. 처음에는 낯설어서 뭐가 뭔지 모를 수 있다. 아무것도 안 보일 수도 있다. 그럴 때 잠시 쉬는 것도 방법이다. 오늘 모르겠다 싶으면, 오늘 그만하고 내일 다시 들여다본다. 그렇게 하고 또 하다 보면, 조금씩 눈에 보이는 게 생긴다. 어떻게든 듣고 보다 보면 아주 조금씩 보이는 게 있고 들리는 게 있을 것이다. 한 번 해서 모르면, 두 번, 세 번, 네 번 하면 된다. 계속 하다 보면 조금씩 친숙해지고 익숙해진다.

비록 지난번에는 별로였다 하더라도 이번에 또 해보자. 이런 마음으로 하자. 지난번에 별로였으니 이번에는 꼭 괜찮아야 한다. 이런 부담감이 되려 싫증을 부를 수 있다. 그러니, 부담을 주지 말고, 좀 여유를 가져 보자. 여유 있는 마음으로 도전하고 움직여야 계속 도전할 수 있는 힘이 난다. 하다가 잘 안되면 쉬고, 또 다른 것에 관심도 가져 본다. 이래저래 방황하는 것도 무언가를 시도하기 때문에 생기는 것이다. 잘 모르겠고 막막하다는 생각이 드는 건 당연하다. 이전에 해 본 적이 없기 때문이다. 그러나 새로이 도전하겠다는 마음을 먹는 것만으로도 대단한 것이다. 나이가 들면 들수록 새로운 것을 하지 않으려 하기 때문이다.

꾸준히 지속하다 보면 분명 나아지는 때가 온다. 그렇게 믿고 움직여야 한다. 단숨에 천 리를 갈 수 없다. 우보만리라고 했다. 소의 걸음으로 우직하게 가야, 원하는 목적지에 도달할 수 있다. 오늘은 오늘의 분량만큼만 한다. 이런 각오가 나을 것 같다. 아무리 해도 영원히 나에게는 익숙해지는 날이 안 올 거 같지만, 계속하다 보면 적응하고 익숙해진다. 그리고, 도전하는 횟수가 많아지고 경험이 쌓일수록 내공이 축적된다.

때로는 아무리 열심히 해도 결과가 안 좋을 때도 있다. 분명 최선을 다했는데도 결과가 엉망일 때는, 놔버려야 하나? 포기해야 하나라는 마음도 든다. 그러나, 그럴 때를 잘 넘겨야 한다. 평생 해야 하는 일이라고 생각하면, 그 일은 계속해야 맞는 것이다. 한두 번 해보다가 아니다 싶은 마음이 들면 정말, 내 스스로에게 물어봐야 한다. 진짜 아닌지를 말이다. 너무 쉽게 생각하고 금방 결과를 기대한 것은 아닌지 되돌아봐야겠다. 그리고, 항상 낮은 자세로 더 도전할 각오도 해야 되겠다.

냉정히 내 자신을
되돌아본다

　남들이 말하는 나와 내 스스로 평가하는 내가 다를 수 있다. 물론, 남의 바람대로 내가 끌려다닐 필요는 없다. 워낙 지금의 시대에는 강요, 요구가 많다. 그래서, 학창 시절에는 대학을 위해 희생하라고 강요받고, 대학 때는 취업을 위해 지금을 희생하라고 한다. 취업하고 나면 결혼을, 결혼 뒤에는 출산을, 일하는 동안에는 노후 준비를 하라고 강요받는다. 그런 남의 말에 끌려다니다 보면 정작 자신에게 중요한 것을 못 알아차릴 수 있다. 그래서 너무 남을 의식할 필요는 없다.

　그러나, 아주 가끔 남의 눈을 통해 나를 파악하는 게 좋겠다. 내가 남들에게 어떻게 비치는지 알 필요가 있다. 내가 생각하는 나와 남이 바라본 나 사이에 얼마나 간격이 있는지도 파악한다. 균형 잡힌 시각을 갖기 위함이다. 딱 그 정도로만 활용한다. 내 생각만 맹신하는 것도 안 좋고, 남의 생각만 추종하는 것도 별로다. 내가 미처 몰랐던 부분을 파악하기 위해서다.

항상 균형 잡힌 시각이 필요하다고 본다. 우선, 내 스스로의 평가를 내려 본다. 내 자신을 내가 어떻게 평가하는지 살펴본다. 그리고, 내가 잘하는 것, 내가 못하는 것, 내가 싫어하는 것, 내가 두려워하는 것 등등을 차분히 파악해 본다. 나 자신과의 대화를 많이 나눠야 할 것 같다. 내가 무엇을 할 때 좋아하고 기뻐하는지도 알아 놓는다. 그리고 남들이 나를 어떻게 평가하고 나에게 무엇을 기대하는지도 들어 본다. 그래야, 내가 하려고 하는 일과 남이 나에게 바라는 일이 얼마나 일치하는지 등을 알 수 있다.

내가 좋아하는 것, 내가 하고 싶어 하는 일에 힘을 쏟으려 할 것이다. 당연하다. 그 각오가 강하고 힘이 있을 때 나의 추진력이 발휘될 것이고, 남이 나에게 바라는 것에 귀 기울이고 움직일 때는 좀 더 빨리 금전적인 이득을 얻을 수 있을 것 같다. 일치하면 좋겠지만 그러지 못하는 경우도 많다. 우선은 그러한 현실을 파악하는 게 제일 중요하고 그걸 알고 난 뒤에 내가 어떤 행동을 할지도 고민해야겠다.

새로운 일을 시도할 때, 남들의 시선만 의식하다 일을 그르치는 경우도 많다. 그래서 남의 시선, 남의 이야기뿐 아니라, 내 안의 목소리에 귀 기울이는 게 필요하다. 물론 남의 평가를 무시하라는 건 아니다. 나의 중심에 나를 두고, 그다음에 다른 사람들의 이야기를 참고하면서 결정하는 데에 도움이 되게 하는 게 좋겠다.

남의 시선, 나의 시선, 둘 다 고려한다. 최대한 나의 오판, 오류를 줄이기 위해 남의 얘기도 들어야겠다.

내가 바라보는 나는 아직 힘이 남아 있고, 세상을 향해 나아갈 수 있는 존재라고 생각한다. 그래서 더 노력하고 더 애쓴다. 나에게 힘이 아직 남아 있고, 언제든 더 힘을 발휘할 수 있도록 나 자신을 갈고닦아 놓는다. 때로는 내가 속한 조직 안에서 제대로 된 평가를 못 받을 수도 있다. 그래도 개의치 않는다. 내 노력이나 정성이 부족하면 자책하고 반성해야 하는 것이고, 그게 아니라면 더 분발해서 산다. 그리고, 좀 더 나은 존재가 되겠다고 각오를 다진다.

나의 때는 언제인가?

지금은 그럴 때가 아니다. 아직은 여유가 없다. 승진해서 월급이 좀 더 오르면 하자. 좀 더 자리매김하고 난 뒤에 다음을 생각하자. 이런 말을 하기 쉽다. 지금은 무리라고 말하는 이들은 나중이 되어도 못 할 가능성이 크다. 정말 여유 시간이 나도, 준비 못 하고 시간 투자를 하기 어려울 가능성이 크다. 나중으로 미루려는 그 습성이 나를 앞으로 나아가지 못하게 막을 것이기 때문이다. 지금 안 하면 언제 할 수 있을까? 아마도 그때는 오지 않는다. 여유로울 때가 와도 또, 하기 어려운 이유는 생긴다. 그러므로 지금 바로 하자. 지금이 바로 해야 할 때다.

앞으로 직장 생활을 얼마나 더 할 수 있을까? 한정된 그 기간에 목을 매는 게 옳은가 아니면 평생을 지속할 수 있는 자신의 꿈에 목숨 거는 게 맞는가? 정확하게 알 수는 없다. 그러나, 언제나 준비해야 한다. 내가 무엇을 할 수 있을지? 무엇을 원하는지를 파악해 둬야 한다. 그리고, 그것을 위해 지금 움직여야 한다. 지금 바로 행동으로 옮겨야 한다. 나중에 할 수 있는 건 없다. 지금 할 수 있다. 지금 생각나고, 마음먹었을 때 시도하는 거다. 시도했는데, 안 될 수도 있다. 더 큰 실망을 느낄 수도 있다. 그래도 한다. 그래야, 후회가 없다.

지금 하자. 그게 무엇이든, 누가 인정하든, 하지 않든 간에 내가 시작하자. 시작이 반이란 말이 맞는 것 같다. 시작하기가 참 힘들기 때문이다. 그리고 계속 지속하자. 계속 하다 보면, 어느 날 실력이 늘어나고, 또 보이지 않던 것이 보이기도 한다. 계속 하다 보면 어느 날 나도 모르는 커다란 기회가 나에게 올지도 모른다. 물론, 금방은 아니다. 시간이 제법 걸릴 것이다. 그러나 우직하게 하면, 나도 모르는 사이에 시간은 훌쩍 쌓일 것이다.

아무것도 하지 않고 가만히 있으면서 생각만 많아지면, 그 생각의 가짓수 때문에 불면에 시달릴지도 모른다. 차라리, 뭐든 시도해라. 엉성해도 된다. 어설프다고 누가 욕할까? 아니다. 남들은 알아차리지도 못한다. 그러므로 아주 작은 것부터 한다. 당분간은 남들이 모른다. 알아주지도 않는다. 그래도 상관없다. 그저 내가 때를 정하고 내가 시작한 것이니, 충분히 괜찮다. 내 스스로의 도전이 나에게 새로운 활력소가 되고 또, 새로운 시각으로 기존에 하던 일을 바라볼 수 있을 것이다.

엄청난 도전이다. 꽤 대단한 일이다. 고맙고 감사한 일이다. 일단 시작한 이상, 계속한다. 꾸준히 지속한다. 그러면, 분명 결과물이 생기기 마련이다. 그러니, 나름의 의미를 부여하며 스스로 뿌듯해하면 된다. 어떻게 의미를 부여하느냐에 따라 매번 하던 일도 전혀 다른 일처럼 느껴질 수 있다. 지금 이 순간에 곧바로 실행한다. 그냥 한다. 생각만 많아지면, 망설일 일만 생긴다. 다소 부족해도, 그 부족함을 뛰어넘어서 실행할 수 있어야 한다. 무슨 일을 해야 한다면, 나중보다는 지금 하자. 아주 잠깐으로, 아주 작은 것이라도 좋다. 지금 해서 지금 느끼고 지금 결론을 찾자.

스스로의 유통기한을 인정하고
다음을 준비한다

　자신을 안 챙기며 무리하게 일하는 것을 경계해야 한다. 일중독으로 건강과 가족을 잃고 쓸쓸히 혼자가 되는 사람을 보면 마음이 안 좋다. 무엇보다도 삶의 중심에 자신이 있어야 한다. 자신을 무리하게 몰아붙여서, 성과 내는 삶을 살면 소중한 것들을 잃어버리게 된다. 할 수 있다, 성공하려면 뼈를 갈아 넣어야 한다. 이런 과도한 요구, 욕망에 사로잡히면 안 된다. 성공 신화에 빠져 살면 큰일 난다. 지금의 삶이 척박하고 어렵다고 너무 단기간에 성과를 내려고 하면 안 된다. 무리하면 탈이 나기 마련이다. 자신의 에너지, 체력을 감안하고 움직여야 한다. 잘못 도전했다가 영영 건강을 잃어버릴 수도 있다. 스스로의 유통기한을 인정하고 항상 자신에게 맞게 움직여야 한다.

　어떻게 하면 자신의 역량을 더 키우고 자신이 업무 소화 능력을 늘려갈지를 계획 세워야 한다. 그리고 자신이 감당할 수 있는 범위 안에서 일을 벌이고 체력 안배를 하고 움직이는 게 좋겠다. 그렇게 지내야 자기만의 유통기한을 알고 살아갈 수 있다. 무리하게 자신의 유통기한, 즉 체력을 늘리려고 해서도 안 된다.

남들보다 더 빨리, 더 많이 이루겠다는 욕심보다는 좀 더 천천히, 좀 더 야무지게 결과를 만들려고 애써야 한다. 서둘러서 엉뚱하게 일을 만들어서 하고 또 하는 것보다 천천히 살펴보고 실수나 오류를 줄여서 잘 만들어가는 게 좋다.

미래는 전혀 다른 모습일 수 있다. 과거의 경험과 노력이 무용지물이 되고, 새로운 지식과 방법을 모색해야 될 것이다. 미래를 움직이는 기술, 방법에 맞게 교육 받고 또 미래를 주도해낼 수 있는 그런 지식, 의식을 갖춰야 한다. 단순히 야근 많이 하고 책상머리에 오래 앉아 있는다고 해결되는 게 아닐 것이다. 그러면 어떻게 해야 할까? 상상하면 무엇이 되었든간에 우리의 삶을 더 풍요롭게 할 것이다. 기회는 그냥 오지 않는다. 급변하는 지금의 시대에 맞는 기술을 배운다. 항상 새로운 것을 알아가려는 노력도 겸비한다.

다른 사람과 기계가 모방하지 못하는 나만의 능력, 기술, 재능을 찾아내고 키워 낸다. 다양한 분야에 장인과 같은 지식과 노하우를 갖추어 놓으면 더욱 나의 경쟁력이 확보된다. 새로운 영역의 다양한 사람들과 같이 일하며 시너지를 내면 얼마나 좋은가? 끊임없이 새로운 것을 만들어 내고, 항상 최신 트렌드에 맞게 일을 해낸다면, 더욱 사람들에게 환영받을 것이다. 새로운 것을 발견하고 또, 더욱 새롭게 디자인하고 사람들에게 잘 전달하고 잘 이용할 수 있도록 돕는다. 그렇게 지낸다면, 자신의 위치를 더욱 공고히 할 수 있고, 스스로의 이름으로 살아가는 존재가 될 수 있을 것이다.

나의 일에 집중할 시간을 벌어라.
생활비를 벌어, 시간을 확보해라

나의 이름으로 사는 존재가 되기 위해서는 관련 업무의 사례들과 사람들을 철저히 연구해라. 나와 비슷한 모습의 삶을 선택하는 사람들이 어떤 어려움을 겪고, 또 어떻게 자리 잡아나가는지 파악한다. 무모하게 그냥 뛰어드는 것은 총알 없는 총을 들고 전쟁터에 나서는 것과 같다. 치열하게 공부하고 옆에서 지켜보아도 막상 들어가면 전혀 딴판인 게 세상이다. 마음 무장도 철저히 해야 하고 유연함도 갖춰야 하고, 챙겨야 할 것이 한둘이 아니다. 무엇보다도 실사례를 잘 찾아보고 어떻게든 자기만의 살아갈 방도를 만들어야 한다. 배움만큼 남는 게 없다.

당장은 변화가 없어도, 사는 데 전혀 무리가 없다. 그러나, 언제까지 그럴 수 없고, 새로운 시도, 새로운 도전을 해야 한다. 조직 안이든 밖이든 말이다. 나이가 들수록 조직 안에 계속 머물기는 어려울 것이고, 조직 밖에서 스스로 수익을 만들어내며 살아야 할 것이다. 그렇게 독립된 존재로 사는 이들이 어떤 성공과 실패를 하는지 파악해 놓으면 더욱 도움이 될 것이다. 조직이 주는 월급이 끊기면 가계 생활은 당장은 불안정할 것이다. 그래서, 최소한 1년, 2년, 3년간의 생활 자금이 확보되어 있어야 한다. 그래야, 다음 단계로 내가 도전할 수 있다. 최소한의 생계를 꾸려나갈 비상자금이 있어야 한다. 그 자금으로 얼마나 버틸 수 있느냐가 관건이다. 얼마나 시간적 여유가 있느냐가 조바심 나지 않게 해준다.

영화배우, 탤런트, 개그맨 등 연예인들이라고 잘사는 게 아니다. 그 분야에서 최고수에 속해야만 부를 가질 수 있고, 상당수의 연예인들은 생계를 꾸려나가기도 힘들다. 뒤늦게 인정받는 연예인들을 보면 그동안의 삶이 참 고루했음을 알 수 있다. 10년, 20년 이상을 무명으로 오랫동안 아내나 남편이 대신해서 생활비를 벌어와서 버텨온 배우들이 적지 않다.

한 분야에서 오랫동안 지속하려면 믿는 구석이 있어야 가능하다. 어떤 이들은 배우자의 후원이나 가족의 도움이 있어서 그렇게 버틸 수 있었다. 만약, 아무런 도움을 받을 수 없다면 스스로 버틸 수 있는 기간을 정하고, 그 기간을 견딜 돈을 마련해놓아야 한다. 그래야, 도전할 수 있다. 그게 아니라면, 그저 또 다른 조직의 구성원으로 옮겨 가는 게 맞다. 대비가 안 되어 있는 사람은 스스로의 삶을 살 수 없다. 버틸 수도 없다.

기간을 확보하고 난 뒤에는 나만의 콘텐츠를 만들어야 한다. 다른 사람들의 성공과 실패를 교훈 삼아서, 오직 나만이 독창적으로 내보일 수 있는 그런 내용을 개발한다. 그리고 꾸준히 고객들에게, 사람들에게 다가갈 수 있어야 한다. 지속적으로 노출되어야 알려질 수 있다. 그 분야에서 자리 잡아야 한다. 자리 잡고 난 다음에 한 걸음 두 걸음 더 전진하면 더욱 전문가가 될 수 있다. 남들의 실패를 보고, 내가 그 시행착오를 그대로 흉내 내지 않도록 애쓰고, 성공 사례를 보며 나에게도 그러한 성공이 적용될 수 있는지 조심스레 접근해본다.

제4장

건강을 챙겨야 한다

육체적인 건강이 무너지면
아무것도 못 한다

건강이 무너지면, 모든 게 다 무너진다. 절대로 건강을 우습게 생각하면 안 된다. 젊을 때는 건강한 게 당연했다. 그러나, 살다 보면 당연한 게 없다는 걸 알게 된다. 건강도 정말 신경 쓰고 관리해야 주어지는 선물이다. 물론 사람에 따라서는 부모에게 아주 튼튼한 신체를 물려받아 좀 더 혜택을 누리는 이들이 있다. 그러나 보통의 사람들은 건강을 제대로 신경 쓰지 않으면 분명히 그로 인한 대가를 톡톡히 치르게 되어 있다. 건강을 최우선의 과제로 삼아야 한다.

건강한 신체를 부모에게 물려받지 못한 이들은 더욱 신경 써서 건강 관리를 해야 한다. 그래야 무슨 일이든 할 수 있다. 건강은 자신이 하려는 일을 잘하는 데 있어 가장 기본적인 요건이다. 기본을 놓치면 아무리 많은 것을 할 수 있어도, 소용없다. 건강이 무너지면 모든 게 다 허사가 된다. 아무리 성과를 잘 내는 사람이라도 건강이 허락하지 않으면 그냥 무너진다. 특히나 가장은 자기 건강을 제대로 챙기지 않으면 가족을 지키지 못한다. 그러므로 더욱 건강을 잘 관리해야 한다.

  힘들고 어려운 상황에 놓인 이들에게 건강은 더 소중하다. 건강을 소홀히 하면 영원히 일어나지 못할 수 있다. 일이 안 풀린다고 낙담하고 내 자신을 놔 버리는 동안에 건강이 망가진다. 그냥 게임오버다. 끝이다. 그래서, 힘든 처지에 놓일수록 더욱 건강부터 챙겨야 한다. 누구에게나 힘들고 어려운 순간은 온다. 그걸 어떻게 극복하느냐에 따라, 다음을 맞이할 수 있다. 무슨 일이 있어도 건강을 소홀히 하면 안 된다. 그래야 무엇이든 할 수 있다. 이미 건강하지 못하다면 최소한 더 악화되지 않기 위해 관리해야 한다.

  체력이 있어야 오래 버틸 수 있다. 버틸 수 있는 육체적인 힘을 먼저 갖춰야 한다. 그냥 마음, 의욕만 갖고 덤벼들다가는 제일 먼저 나가떨어질 수 있다. 나의 건강을 챙기기 위해서 어떤 활동을 하는 게 좋을지 생각하고 또, 알아본다. 내 자신에게 잘 맞는 운동법을 찾아야 한다. 그래야 오랫동안 그 운동을 친숙하게 할 수 있는 법이다. 그렇게 운동을 꾸준히 하다 보면 잡념도 사라지고, 내 인생도 되돌아보게 되고, 여러 가지 생각지도 못한 것들도 덤으로 얻을 수 있다.

  물론, 체력이 단번에 축적되지 않는다. 꾸준한 노력과 습관을 들여야 한다. 지금 당장 부족한 체력을 단숨에 만회할 수 없다.

그리고 힘이 없어서 운동을 못 하겠다고 얘기하는데, 힘이 없을수록 더욱 운동을 해야 한다. 그래야, 힘을 더 낼 수 있다. 인생이 꽤 길기 때문에 더욱 마음 단단히 먹고 지내려면 체력을 길러야 한다. 서서히 강도를 조절하면서 체력을 길러야 한다. 스스로 운동하는 습관을 가져야 한다. 남들보다 좀 더 오래 머무르고 더 오래 일하려면 체력은 필수다. 안 그러면, 제일 먼저 도태될 수 있다. 남들이 밀어내기 전에 알아서 무너질 수 있다. 육체적 건강이 곧 정신력으로도 연결되고, 일을 잘하는 가장 기본 밑바탕이 된다. 명심해야 되겠다.

건강을 소홀히 하면,
경제적 부담이 늘어난다

경제적 빈곤의 큰 이유 중 하나가 병원비다. 가족 중 아픈 사람이 생겨서 병원비가 많이 들어가게 되면 그것만큼 힘든 일이 없다. 아픈 사람 간병도 해야 되고, 병원비도 마련해야 되는 이중, 삼중고에 시달리게 된다. 병원비 들어가서 돈이 필요하고, 아픈 사람 옆을 지키느라 일하지 못해 돈이 더 부족해진다. 그러므로 건강은 더욱 신경 써야 되는 부분이다. 절대로 소홀히 해서는 안 된다. 특히나 가장이라고 하면 더 유의해야 한다. 가장이 아프면, 정말 답이 없다.

건강이 곧 돈이라는 인식을 가져야 한다. 아프면 경제적 부담이 바로 온다. 나이가 들어 치아가 안 좋아지면 치과에 가야 하는 일이 생긴다. 치아를 빼야 하고, 임플란트를 해야 한다. 임플란트 몇 개 하면 웬만한 중고차 값을 치러야 한다. 그리고 당뇨나 고혈압에 시달리면 평생 약 먹어야 하고 병원에 다녀야 한다. 나이 들수록 더욱 건강을 챙겨야 하고 그래야 생활이 흔들리지 않는다. 아프지만 않아도 돈 나갈 일이 줄어든다. 물론 점점 나이가 들면 병원비가 들어간다.

　아파서 일을 못 하게 되면 가족들 생계에 직격탄이다. 안 아프고 건강해야 무슨 일이든 할 수 있는 기본 조건이 되는 것이다. 아프지 않고 건강하다는 게 얼마나 감사한 일인지 나이가 들면 점점 깨닫게 된다. 그러므로 더욱 건강해야 된다. 말로만 건강을 떠들 게 아니다. 건강식품도 챙겨 먹어야겠지만 그보다 더 중요한 건 규칙적인 운동이다. 출퇴근 때, 버스, 지하철 한두 정거장 앞에 내려서 걷는 것도 좋다. 그렇게 오천 보, 만 보 걷는 것부터 시작해도 된다.

　아직 젊다. 아직 팔팔하다. 이런 생각으로 건강을 소홀히 하는 것만큼 무서운 게 없다. 사람의 몸은 거짓말을 하지 않는다. 아무리 열정과 노력을 더 하고 싶어도 몸이 허락하지 않으면 지속할 수 없다. 갑작스레 무너지게 되고, 모든 것이 허송세월이 되어 버린다. 그러므로 건강을 잘 관리해서 유지해 둬야 되겠다. 그럴 때, 내가 하고 싶어 하는 일, 해야 하는 일을 도맡아서 할 수 있는 것이다.

　아프지 않고 튼튼하면 살아갈 밑천을 갖고 시작하는 것과 같다. 우리는 항상 잘 되는 것만 생각하고 안 되는 건 잊기 쉽다. 그런데, 나이가 들수록 건강을 더 챙기고 관리해야 먹고 사는 문제를 해결할 수 있다. 절대로 그냥 주어지는 건 없다. 노력하고 애써야 보상 받을 수 있다. 그중에서 건강은 가장 먼저다. 누가 뭐라 해도 건강을 해치면서 일하면 결국 나중에는 그로 인한 대가를 치러야 한다. 건강하면서 원하는 일을 하는 삶을 살아야 되겠다.

규칙적인 운동을
해야 한다

    삶을 잘 다듬는 첫걸음은 건강 관리다. 꾸준히 규칙적으로 운동해야 한다. 운동을 통해 건강을 유지하면 삶의 밑바탕을 만들 수 있다. 건강해지면, 마음의 중심이 잡힐 수 있다. 규칙적인 운동을 통해 마음의 자세도 바르게 형성할 수 있다. 매일 푸쉬업, 턱걸이 등 무산소 운동과 걷기 등, 유산소 운동을 병행한다. 근력을 키우기 위한 운동도 하고, 천천히 움직이는 운동도 한다. 운동 종류를 불문하고 자신에게 잘 맞는 것을 찾는다.

    간단히 맨몸으로 시작할 수 있는 운동으로 하루를 시작하는 게 좋다. 집 안에서 AI 콘텐츠를 따라 하는 운동도 좋고, 유튜브 영상을 보고 하는 것도 좋다. 꼭 돈을 들여 헬스클럽을 가지 않아도 된다. 동네 골목을 탐방하듯 걷는 것도 좋다. 출퇴근 길에 좀 더 일찍 내려서 걷는 것도 좋다. 평소에 보지 못했던 경치를 볼 수 있어 좋고 사람들의 일상도 엿볼 수 있다. 바쁘게 출근길을 재촉하는 사람들의 모습, 퇴근길에 사람들과 어울려 흥겨워하는 모습도 볼 수 있다. 사람들의 살아있는 모습을 보며 나도 활력을 느낄 수 있다.

또 달리기도 좋다. 달리면서 땀 흘리면 아드레날린이 분비되어 기분이 좋아지기도 한다. 또, 내가 어떻게 살지를 생각할 시간도 가질 수 있다. 때로는 별 생각 없이 그저 달리기만 해도 기분이 나아진다. 마음이 평온해진다. 그러므로, 현실이 답답하고 힘들수록 더욱 규칙적인 운동을 해야 한다. 활발히 움직이면 부정적인 생각도 달아난다. 땀을 흘리면 마음이 차분해진다. 좀 더 열심히 살아야겠다는 다짐도 하고, 생각처럼 잘 안 풀리는 현실을 묵묵히 기다리는 힘도 생겨난다.

몸이 피곤하고 힘들면 그냥 짜증 나고 화나고 인상 쓰게 된다. 그런 날은 괜히 하루가 불편하다. 평소와 다를 바 없이 움직이는데도 남들에게 불편함을 주기도 한다. 하는 일이 잘 안될 때도 있다. 머리가 무겁고 피곤해서 아무것도 하기 싫다. 힘이 안 날 때일수록 시간을 들여 운동하면 그런 기분이 조금이라도 누그러진다. 힘이 없었는데, 되려 운동을 통해 힘이 생긴다는 걸 알게 된다. 운동으로 기분을 좋게 만들고, 오늘 하루를 무난하게 보낼 수 있다.

규칙적인 운동은 건강한 신체를 선물해주고, 내 몸이 변하는 걸 느끼게 해준다. 예전보다 내 몸이 단단해지면 그 자체가 동기부여가 된다. 자신감이 생기고 좀 더 활력 넘치는 활동을 할 수도 있다. 규칙적인 운동이 정신적인 부분과도 연결되는 것 같다. 아무 생각 없이 그저 걷기만 했는데도 기분이 나아지니 말이다. 그러므로 꾸준하게 평생 운동하며 살아야 되겠다. 그래야 삶을 지켜낼 수 있을 것이다.

꾸준히 서서히
운동 습관을 가진다

    습관은 우리에게 무엇이든 할 수 있는 힘을 준다. 살면서 갖춰야 할 습관 중 하나가 운동 습관이다. 꾸준히 규칙적으로 하는 운동이 우리네 삶을 오래오래 안전하게 지탱해준다. 그러므로 일상 속에서 운동하는 시간을 가져야 한다. 물론, 처음부터 운동 시간을 1시간, 2시간씩 갖는 건 절대 쉬운 일이 아니다. 몸도 불편하고, 적응하는 데에 적지 않은 시간이 걸린다. 그래서 처음에는 아주 부담 없이 시작하는 게 좋다. 하루 10분, 20분도 괜찮다. 처음에는 시작한다는 것에 의미를 둬야 한다.

    서서히 젖어들게 해야 한다. 푸쉬업을 한다고 하면, 처음에는 자세를 잡고 하루에 1개 한다. 고작 1개라고 생각할 수도 있지만, 매일 일정한 시간이 되면 자세 잡고 푸쉬업을 한다고 내 스스로에게 알려준다. 매일 빠뜨리지 않고 푸쉬업을 한다. 그러다 보면, 어떤 날은 1개가 너무 적어서 조금 더 하고 싶을 때도 있을 것이다. 그러면, 그다음에는 3개, 5개로 늘린다. 그렇게 차츰 차츰 개수를 늘리면 된다.

    우리는 처음부터 너무 제대로 하려고 생각하다가 아예 엄두도 못 내고 시작도 못 하는 경우가 많다. 그리고 하다 말다 하는 것도 좋지 못하다고 생각한다. 그러면서 작심삼일로 끝낸다. 포기해버린다. 물론 그렇다고 해도 하다 말다 하는 것이 아예 안 하는 것보다는 나은 모습이다. 또 하고 또 해보고 계속 도전하면서 습관 들여도 된다. 남들하고 비교해서 내가 더 하고 덜 하고를 평가하지 않아도 된다. 그저 내 체력에 맞게 조금씩 늘리면 된다.

시간을 따로 내어서 헬스클럽 다니고 하는 것만이 운동이 아니다. 언제 어디에서든 부담 없이 스트레칭하고 몸을 움직이는 것도 나름의 효과가 있다. 그리고, 스마트폰의 앱을 잘 찾아 보면 운동을 돕는 홈 트레이닝 방법도 많이 있다. 관심만 가지면 꾸준히 운동할 길은 차고 넘친다. 근사하게 그럴싸하게 운동할 복장 갖추고 운동 장소에 가서 해야 된다는 고정관념만 버리는 게 좋겠다. 지루하고 무료할 때, 동네 한 바퀴 도는 것도 운동이다. 형식을 따지지 않는다면 할 것은 많다.

특히나 경제 위기의 시대에 운동하는 데 돈 쓰지 말고 운동하면서 돈 벌 궁리하는 것도 좋다. 앱테크라고 해서 각종 플랫폼 앱들이 만보기 등 운동하는 것에 비례해서 포인트를 지급해주는 경우도 많다. 앱 찾아서 운동 열심히 하면 한 달에 몇만 원이 생기는 경우도 있다. 그러니, 언제든 열심히 운동하고 또 운동하면, 생각보다 많은 이득이 생길 것이다. 운동하겠다고 자전거 타고 출퇴근하면 한 달에 교통비 5만 원, 10만 원은 그냥 아낄 수 있다. 건강도 챙기고 돈도 버는 일도 된다. 이보다 좋은 게 어디 있겠는가.

건강도 불공평하다

　건강도 불공평하다. 어떤 이는 부모로부터 튼튼한 치아를 물려받아 아무리 막 써도 치아가 튼튼하다. 또, 어떤 이들은 강한 뼈 골격을 물려받아서, 힘이 세다. 어떤 이는 귀가 밝고 누구는 후각이 발달되어 있다. 이렇듯 사람마다 타고난 능력이 다르다. 그걸 부러워해서는 소용이 없다. 우리가 선택할 수 없는 부분이고 유전적으로 물려받은 것이다. 그래서 내가 남들보다 좀 약하다고 생각되는 것들을 후천적으로 더 노력해서 채워야 한다.

　그런데, 참 희한한 것은 어릴 때부터 잔병치레 많이 하고 많이 아팠던 이들이 되려 나이 들어서 더욱 튼튼해지는 경우가 많다. 원래부터 약했는데, 그걸 보완하기 위해 더 노력한 덕분이다. 이런 걸 볼 때는, 약점이 도리어 더 나아지는 계기가 될 수도 있으니 꼭 안 좋게만 볼 필요는 없는 것 같다. 물론, 약점을 가만히 놔둔다고 좋아진다는 말은 아니다. 피나는 노력을 해야 약점이 강점이 된다.

키 작은 농구 선수가 운동 연습량을 더 늘려서 월등히 뛰어난 농구 선수가 된다. 엄청난 노력을 더한 덕분에 그렇게 된 것이다. 그냥 된 것이 아니다. 자신의 약한 부분을 어떻게 하면 나아지게 만들 수 있을까 고민하고 또 개선하기 위한 행동을 해서 만들어 낸 결과물이다. 그러므로, 항상 자신의 부족한 부분을 어떻게 하면 좋게 만들 수 있을지 고민하는 게 필요하다. 때로는 아무리 노력해도 나아지지 않을 수도 있다. 그러나 그것조차도 시도하고 노력해봐야 아는 것이다. 그냥 생각만 해서는 나아지지 않는다.

불공평한 현실에 절망하고 나 몰라라 하며 대충 지내면 그냥 그대로 약한 상태로 내가 멈추게 되거나 퇴보하게 된다. 하지만 분발하고 더 움직이려고 애쓰면 나아질 수 있다. 그러니, 절대 포기하거나, 열등감 가지지 말자. 때로는 모자라고 부족하다고 느낀 것 자체가 복일 수 있다. 모르고 지나칠 수 있는데, 그게 느껴졌다면 다행인 것이다. 부족하고 모자란 부분을 더 채우겠다고 각오하면 더 희망적이다. 분명 쉬운 건 아니지만, 노력하고 더 나아지려고 애쓰면 우월한 건강 상태로 갈 수도 있다.

그러니 절대 포기하거나 낙심하지 말고, 좀 괜찮아지려고 애써본다. 원래 부족하고 모자랐던 이가 더 열심히 하고 더 노력해서 잘되는 사례는 차고 넘친다. 자만하고 과시하는 것보다 좀 모자라다고 생각하고 조심하면서 사려 깊게 움직이고, 차근차근 좀 더 강해지려고 애쓰는 게 훨씬 우리네 삶에 도움이 될 것이다. 그러니, 조금이라도 실천하며 나아져 봐야 되겠다.

식습관을
바로 잡아야 한다

   우리의 건강을 지키는 데에 먹는 것도 중요하다. 운동도 꾸준히 해야 하고, 그에 못지않게 먹는 것도 신경 써야 한다. 우리의 식습관이 우리를 만드는 중요한 요소다. 먹는 데 즐거움을 많이 느끼는 사람들은 여러 음식으로 희로애락을 느끼며 산다. 그런데, 먹고 싶은 것만 편식하고 과식하면 그게 고스란히 우리 건강 문제로 돌아온다. 과음, 폭식, 편식은 언제든 우리의 건강을 빼앗는다. 그래서 먹는 것도 잘 가려야 하고 조심해야 한다.

   우리는 자극적인 음식에 쉽게 마음을 빼앗긴다. 화나거나 답답할 때, 매운 음식이 땡긴다. 정신이 바짝 들기 때문이다. 그리고 입에 단것들이 당장에 먹을 때, 기분을 좋게 해주니 자꾸 찾게 된다. 그런데, 그렇게 입을 즐겁게 하고 자극을 주는 음식치고 우리 몸에 좋을 수 없다. 귀찮아도, 철저히 어떤 음식이 칼로리가 높고 어떤 것들이 우리에게 해로운지 계산하는 게 좋다. 그래야, 오래오래 아프지 않고 살 수 있다. 굳이 그렇게 극성스럽게 해야 되나 라는 생각도 든다. 그러나, 세상에 공짜 없다. 특히나 건강은 더욱 그러하다.

   먹는 음식이 그 사람의 상당 부분을 결정 짓는다. 가공식품, 패

스트푸드를 자주 먹는 이들은 성격이 급해지고, 어떤 것에 집중하기 어렵다. 주의가 산만하며 인생도 적당히 대충대충 보내는 경향이 있다. 그리고, 땅에서 난 채소, 야채 등을 자주 먹는 사람들은 마음이 차분해지고 안정적이 된다. 그런 곡식들은 금방 나오는 게 아니다. 온갖 날씨를 견디고 버티면서 자라나는 식물들이어서, 그런 음식을 접하는 우리의 마음도 차분해지는 것 같다. 우리가 먹는 음식들이 우리의 마음도 다스리는 것 같다. 땅에서 난 신선한 식품을 자주 섭취할수록 우리네 삶의 모습도 정돈되는 것 같다.

 절에 머무르는 스님들은 땅에서 나는 곡식으로 지은 음식을 주로 먹는다. 그래서 대체로 마음이 차분하고 평정심을 갖고 지내기 쉽다. 현대 사회에 사는 보통 사람들은 음주, 폭음, 과식으로 삶이 오락가락한다. 특히나 요즘은 식비도 부담이어서 편의점 도시락, 라면을 자주 먹는다. 그런 음식들이 우리를 조용히 삶에 집중하지 못하게 만든다. 빨리 먹고 서두르게 만든다. 바쁜 일상 때문에 어쩔 수 없이 패스트푸드를 먹는다고 하지만, 그것 또한 습관이 되면 고치기 어렵다.

 규칙적으로 식사를 하고 흰 쌀밥보다는 되도록이면 잡곡을 먹고, 짜고 매운 음식을 멀리하고 싱겁게 먹고 많이 움직이면 우리네 마음도 정갈해질 것 같다. 그렇게 먹는 것도 신경 쓰면서 사는 사람은 다른 부분들도 더욱 신경 쓰고 지낼 것이다. 하나를 보면 열을 안다고 다른 영역에서의 생활도 분명 꾸준하고 성실할 것이다. 그렇게 살면 인생 전반이 잘 정리되고, 발전적이 될 것 같다.

좋은 생각과
마음가짐이 필요하다

우리의 마음은 가만히 놔두면 부정적인 방향으로 흐른다. 쓸데없는 잡념이 우리 모습을 가만히 놔두지 않는다. 지루하고 무료하면 나쁜 생각, 잡생각에 빠지기 쉽다. 그래서 부지런히 열심히 사는 게 필요하다. 여유가 넘치고 시간이 많으면 뭐든 할 수 있을 것 같지만 도리어 의욕이 안 생기고 나태해진다. 바쁘게 살고 열심히 지내는 이들이 오히려, 짜투리 시간을 내고 더 알차게 살아간다. 참 희한한 일이다. 분명 절대적인 시간이 부족한데 말이다.

그래서 어떻게든 활발히 움직이고 또 활동할 궁리를 하는 게 좋겠다. 이왕이면 내 자신보다 내 주변을 위하고 지역 사회나 회사, 조직 등 집단을 위해 내가 무얼 하면 좋을지 찾는 게 낫다. 그렇게 이타적으로 살면, 그러한 마음이 돌고 돌아 나에게 평안함과 감사하는 마음을 선물로 줄 것이다. 더 활력을 느낄 수 있을 것이다. 삶도 발전할 수 있다. 그러므로, 남에게 도움이 되겠다는 마음으로 지내야 되겠다.

그냥 여유롭고 한가하게 살면 사람은 퇴보한다. 사는 데에는 적당한 자극과 어려움이 필요하다. 그래야 난관을 극복하기 위해 내 스스로도 몰랐던 힘을 발휘할 수 있고, 또 에너지를 낼 수 있다. 절박함 속에 강인함이 나오는 법이다. 살다 보면 힘든 일이 참 많다. 그래서 무너지기 쉽다. 수많은 문제들은 우리를 괴롭힌다. 가만히 놔두지 않는다. 그래서 항상 우리는 머리를 써야 하고 해결책을 찾기 위해 발버둥 쳐야 한다. 그래야 세상에 끌려가지 않고 세상에 맞서 내 주관대로 살아 갈 수 있다.

 내 마음을 잘 추스르며 사는 게 쉽지 않다. 그래서 언제든 포기하고 놔버리려는 생각을 하게 된다. 그렇게 세상에 끌려다니는 경우도 많다. 그런데, 그렇게 한번 끌려다니는 삶을 살다 보면 그런 모습에 젖어 들고 주도적으로 살았던 모습을 잃어버리게 된다. 그래서 함부로 놔 버리면 안 된다. 포기하지 않도록 자기 자신에게 항상 나름의 부담과 나름의 고민을 줘야 한다. 그래야, 생동감을 갖고 살 수 있다. 힘든 일도 있어야 된다. 그래야, 좋은 생각에 가까워지려고 애쓸 수 있는 법이다.

 물론, 무조건 긍정적이어야 된다는 말은 아니다. 부정적인 사고는 나쁘고 긍정적인 사고는 무조건 좋은 게 아니다. 상황에 맞춰서 잘 대비하고 대응하는 모습이 필요하다. 그리고, 언제든 어떤 일이든 닥칠 수 있어서 최대한 감사할 거리를 찾고 내 인생 전반이 우울해지는 걸 막아야 된다고 말하고 싶다. 힘든 일이 닥치면 말할 수 없을 정도로 큰 고통을 겪기도 한다. 그런데, 그 어려움 이후에 좀 더 단단해지기도 한다. 그걸 잊지 말아야 되겠다.

지금 바로
움직이자

지금 바로 일어나서 스트레칭 하고 몸을 움직인다. 아주 간단한 동작이어도 된다. 굽은 허리를 좀 펴고 어깨를 펼치는 것만으로도 내 삶의 모습이 괜찮아질 수 있다. 사무실 의자에 오래 앉아서 일하면 자세가 좋아지기 어렵다. 노트북 좁은 화면을 집중해서 들여다보면 나도 모르게 거북이 목을 하고 있다. 그러다 보니 어깨와 허리에 무리가 온다. 당연한 것이다. 내 몸을 내가 제대로 관리하지 않았는데, 건강해질 리 없다.

이제는 나이와 상관없이 제대로 관리하지 않으면 언제든 우리네 몸이 우리를 배신한다. 좀 더 빨리 우리를 곤경에 처하게 만든다. 그러므로 지금 바로 움직이려고 해보자. 지금 몸을 비틀고, 쓰지 않는 부위에 자극을 주어야 한다. 그렇게 의식적인 움직임이 있어야 내가 나의 건강을 유지할 수 있다. 하려는 일을 무탈하게 할 수 있다. 건강이 허락하지 않으면 아무리 좋은 의지와 좋은 기회도 소용이 없다. 체력이 되어야 추진력 있게 진도 나갈 수 있는 거다.

특히나 직장생활 후반부나 종반부에 이르거나, 새로운 자기 사업을 위해 도전을 해야 하는 경우에는 더욱 움직여야 한다. 자영업 가게에서 가장 인상 쓰고 있고 자세가 안 좋은 이가 사장이라고 한다. 그만큼 스트레스와 부담이 심하기 때문이다. 그럴수록 더 움직여야 한다. 아무리 시간이 부족하다 해도 내 건강을 유지하고 관리하기 위한 시간은 아까워해서는 안 된다. 여러 상황, 이유를 얘기하며 변명해본들 소용없다. 몸이 제일 먼저 배신한다. 제대로 대우해주지 않으면 말이다. 그러니, 활발히 몸을 움직이고 아주 사소한 운동이라도 한다. 그래야 일도 자신의 인생도 제대로 끌고 갈 수 있다.

건강이 제일 중요하다고 다들 말한다. 그러나, 정작 건강을 챙기기 위해 제대로 운동하는 사람은 적다. 운동을 하기 위해 시간을 많이 써야 한다는 것도 고정관념일 수 있다. 아주 짧은 시간도 우리네 건강에 도움이 될 수 있다. 그러니, 지금 바로, 아주 조금 움직여 본다. 팔을 허공에 펴고 조금씩 자극을 주는 것도 큰 도움이 된다. 틈틈이 시간을 내서, 움직인다. 스트레칭을 조금 하는 것도 우리에게 큰 도움이 될 수 있다. 언제든 생각하면 바로 하면 충분할 것이다.

지금 바로 움직이고 스트레칭이든 발굽혀펴기든 뭐든 한다. 좁은 공간에서 허리 몇 번 펴고 앉았다 일어나는 것만으로도 우리 몸에 좋은 자극이 될 수 있다. 몸을 자주 움직여야, 머리도 제대로 돌아간다. 그걸 명심하고 실천하는 게 필요하다. 그래야 무슨 일이든 할 수 있다.

하루 10분의 휴식

일상생활 중에서 자기만의 스트레스 해소 및 쉼표가 필요하다. 아직 업무에 익숙하지 않거나, 좀 더 성과를 내야 되는 상황일 때는 더욱 조바심이 나서 쉬는 걸 꺼릴 수 있다. 그러나, 아무리 좋은 차도 잠시 멈추고 정비하지 않으면 언제든 대형 사고를 일으킬 수 있다. 하다못해 기계도 그러한데, 사람은 오죽할까 싶다. 그래서 의식적으로라도 일어서고, 몸을 움직여야 한다. 그래야 좀 더 능률도 생긴다.

일을 하다 보면 완급조절이 더 어려울 수 있다. 짜여진 스케줄이 아닌 스스로 만들어가는 유연성이 있는 일을 하는 사람들은 더욱 그러하다. 특히 일감이 아직 적거나 그 분야에서 자리매김을 열심히 해야 하는 중이라면 더욱 더 그러할 것이다. 쉬기는커녕 더욱 전력 질주 해야 된다라는 생각으로 자신을 몰아붙일 수 있다. 그런데 자신을 학대하게 되면 더 큰 어려움, 화에 처할 수 있다. 그러니, 최대한 속도 조절해야 한다. 쉼이 필요하다. 한 번에 10

분이면 된다. 생각보다 10분은 짧다. 그러나 효과는 엄청나다.

쉬는 것을 죄악시하는 성향이 있을 수 있다. 너무 그러지 않아야 한다. 놀고 쉬는 여유 속에서 창의적인 생각이 떠오르고 또 더 나은 해결책이 나올 수 있다. 한 걸음 뒤로 물러서서 보는 것이 전체를 바라보는 새로운 시각이 될 수 있다. 그러면, 평소에 보지 못하고 느끼지 못했던 것들을 알 수도 있다. 우리는 일하다 말고 잡담하고 딴짓을 할 때 도리어 창의적으로 변하게 된다. 희한한 일이지만 사실이다.

부지런히 일해야 되는데, 언제 여유 부리며 쉬느냐라고 말할 수 있다. 그러나 노래를 부를 때에도 쉼표를 잘 지켜야 더 나은 호흡으로 더 좋은 목소리를 낼 수 있는 것처럼, 잘 쉬어야 한다. 1시간 가량 일하고 10분가량 쉬는 습관을 잘 만들어보자. 그 쉬는 습관이 곧 우리 삶을 균형 잡히게 하고 또 잘 다듬어준다.

힘들고 어려울 때 더욱 쉬어야 한다. 쉼 없이 앞만 보고 달려온 이들은 휴식을 사치라고 여길 수 있지만, 아니다. 절대 아니다. 쉬어야 한다. 잠시 잠깐 10분의 휴식이 하루를 더욱 알차게 만들어 주고 우리의 건강을 지켜주는 소중한 시간이 된다. 그러니 지금 잠시 눈을 감고 바쁜 나를 내려놓자. 그러기만 해도, 한결 하루 생활의 중심이 잡힐 수 있다. 좀 더 여유가 생기고, 차분해질 수 있다. 그렇게 잘 쉬어야 나의 일도 더 잘하고 성과도 낼 수 있는 법이다.

잘 자야
건강하다

    보통의 사람들이 7시간 30분 정도는 자는 게 좋다고 하는데, 한국 성인들의 평균 수면 시간은 6시간이라고 한다. 그래서, 평소의 컨디션이 좋다고 말하기 어렵다. 술 마신 다음날은 몸이 피곤하다. 숙면을 취할 수 있을 것 같지만, 의외로 알코올이 수면에 도움이 안 된다고 한다. 또한 야근하느라, 늦게까지 활동하면, 수면 시간이 부족한 상황이 생긴다. 그래서 토막잠이라도 자는 게 좋단다. 밤에 잠을 못 자더라도, 낮에 잠시잠깐이라도 눈 감고 쉬는 것만으로도 큰 도움이 된다고 한다.

    수면 장애를 겪는 사람들도 많다. 나이 들면 자연스럽게 수면 장애가 생긴다는데, 한참 자라나는 아이들도 잠이 안 든다고 호소하는 일이 늘고 있다고 한다. 조그마한 소리에도 깨고 예민하게 구는 이들도 있다. 밤에 잠을 제대로 못 자면 낮에 비몽사몽 컨디션이 안 좋아지기도 한다. 숙면을 취해야 마음도 너그러워지고 몸 상태도 좋아져서 일상을 긍정적으로 보낼 수 있다. 숙면을 못 이루면 그로 인한 후유증이 우리네 일상을 흐트러지게 만든다. "잠자는 시간을 줄여야 한다. 일찍 일어나서 하루를 시작해야 한다. 시간 낭비가 없어야 한다." 이런 말이 너무 많은 시대다. 경쟁에서 이기기 위해 수면 시간을 줄이고 더 공부하고 더 일해야 된다고 사람들을 몰아붙인다. 잠자는 걸 죄악시하는 이들도 있다. 그런데, 그런 말에 휘둘릴 필요 없다. 충분한 수면 시간을 누리는 게 우리네 인생을 더욱 풍요롭게 한다. 잠을 자야, 에너지가 충전된다. 하다못해 핸드폰도 배터리가 줄어들면 충전하는데, 하물며 우리 사람은 더욱 제대로 된 충전인 잠이 필요하다.

사람마다 생체 리듬이 다르다. 어떤 이들은 일찍 잠자리에 들고 새벽에 일찍 일어나는 걸 좋아하고 다른 이들은 자정 넘어서까지 안 자고 또, 늦게 일어나는 걸 선호하기도 한다. 당장 우리 집만 해도 나만 새벽형이고 아내나 아이들은 늦게 자고 늦게 일어나는 편이다. 생활패턴이 다르다. 그런데, 억지로 맞추려고 하면, 서로 힘들고 예민해진다. 잠이 많은 사람이 괜히 수면 시간을 줄이고, 새벽에 너무 일찍 일어나면 몸 상태가 되려 엉망이 되는 경우도 생긴다.

언제 자느냐보다는 일관된 모습을 유지하는 게 좋다. 우리의 몸이 잘 적응되어 있으면 그에 따라 행동하기 때문이다. 새벽형 인간이라고 무조건 성공하고 부지런한 사람이니 올바르고, 늦게 일어나면 게으르다고 선입견을 갖고 보는 건 좋지 못하다. 각자의 상태가 다르기 때문에 고집할 필요도 없다. 자신에게 맞는 것을 선택하면 되는 것이다. 다만, 잠자리에 들은 뒤에도 못 자서 뒤적이는 게 계속된다면, 좀 변화를 줄 필요가 있다. 무엇보다도 자신의 삶을 단순하게 만들고, 규칙적으로 지내는 게 가장 좋을 것 같다. 꿀잠 자기 위해서 말이다.

건강이 모든 일의
밑바탕이다

　매우 뻔하고 당연한 얘기다. 그래서 더욱 소홀하기 쉽다. 우리는 지금 안 아프고, 건강하면, 평생 그럴 줄 안다. 영원히 젊고, 영원히 살 것처럼 착각한다. 그러나 나이 들면 건강도 쇠락하고, 몸이 불편해진다. 그래서 항상 꾸준한 운동이 필요하고 식습관도 잘 관리해야 한다. 그래야 자기 나이에 맞게 무난하게 살 수 있고, 자신이 하려는 일에 에너지를 제대로 쓸 수 있다.

　나이 70 후반에도 왕성하게 활동하는 분들이 있다. 친구들은 이미 저세상으로 떠난 이들도 있고, 병상에 누워서 제대로 움직이지도 못하는 경우도 있는데 하루에 턱걸이 10개 이상 하고, 활발히 이야기하고 골프 치고 등산하고, 또 자기 일에 몰두하는 이들이 있다. 그들은 분명 자기 건강관리를 잘하는 사람이다. 꾸준히 규칙적으로 건강을 챙기며 살아와서 지금도 제대로 된 활동이 가능한 것이다.

　우리가 일도 잘하고 싶고, 성과도 많이 내고 돈도 많이 벌고,

잘 지내고 싶다. 그래서 노력도 하는데, 의외로 건강을 챙기기 위해 규칙적인 노력을 하는 이들은 생각보다 적다. 건강을 잃고 난 뒤에 뒤늦게 후회하며 보완하려 애쓰는 이들이 많다. 이왕이면 한 살이라도 젊을 때부터 건강을 위해 규칙적인 운동을 하고, 긍정적인 생각을 하고, 잘 자는 게 좋다고 본다. 그래야 모든 일을 제대로 해내는 시작점에 설 수 있다.

끝까지 살아남아서 원하는 것들을 이뤄내기 위해 가장 기본이 되는 것이 '건강'이라고 생각한다. 당연하게 주어지는 것이 절대 아니다. 40대에 열심히 운동하고, 건강 챙기면 50대가 평온하고, 50대에 꾸준히 운동하면 60대가 안정적이라고 했다. 건강만큼 공짜가 아닌 게 없다. 그러므로 매일 조금씩 자신의 건강을 챙기기 위해 애써 보는 게 좋다. 그 어느 것보다 건강 챙기는 게 먼저다.

어떤 운동을 하면 좋을지 고르는 것도 좋고, 관심 갖고 이것저것 시도해보는 것도 좋다. 하다 보면 어떤 게 내게 맞는지 알게 된다. 또한, 하던 것만 하면 지루할 수도 있다. 그러니, 몇 가지 방법을 정해 놓고, 골라가며 해보는 것도 좋겠다. 운동도 습관이 되어야 하고, 나름의 재미가 붙어야 더욱 오래 할 수 있다. 그러한 것들을 잘 고려하며 지내 보자. 무엇이 나에게 맞는지 잘 파악하고 꾸준히 하게 된다면 분명 건강은 유지가 되고, 건강을 바탕으로 내가 하려는 일에 좀 더 힘내서 도전할 수 있을 것이다. 그러니, 더욱 건강부터 챙겨볼 일이다.

제5장

돈 걱정도 있다

어떻게 자산을
관리해야 하나

　자산 관리를 잘해서 꾸준히 돈을 늘려가고 싶다. 보통 사람들의 바람이다. 그런데 자산을 늘리는 것만 생각하지 잃는 것은 생각하지 않는다. 투자하면 이득만 볼 거라고 생각하는 이들이 많다. 손실을 볼 수 있다는 생각은 거의 없다. 여기서부터 문제가 생긴다. 플러스만 되고 마이너스가 없다는 생각에 손실을 보면 더 만회하려고 발버둥 치고 그러다가 손실이 더 커지는 경우가 많다. 손실을 볼 수 있음을 인정해야 한다.
　자산을 어떻게 관리할지 마음가짐, 태도를 잘 정립해야 된다. 정말 손실 보는 걸 극도로 싫어하면, 펀드든 주식이든 수익률을 높게 만들어준다고 하는 방식은 멀리해야 한다. 예금, 적금에 넣어 놓고 일상생활에 집중하는 게 훨씬 나을 수 있다. 그리고 젊을수록 모험을 좋아하는데, 잘 생각해 볼 필요가 있다. 젊을수록 자산을 늘릴 가능성이 많다. 그러나, 젊을 때 손실을 입어도 언제든 복구할 수 있다는 생각에 너무 무리하게 빚지는 경우가 많다. 그리고, 나이 들어서는 더욱 손실을 두려워해야 한다. 빚지면 회복하는 데에 시간이 더 오래 걸리기 때문이다.

자산을 눈덩이처럼 금새 늘리고 싶어 하는 마음은 굴뚝 같아도, 욕심을 줄여야 한다. 손실을 보지 않는 걸 제1의 원칙으로 삼아야 한다. 그리고 수익률이 적어도 안전하게 자산을 늘릴 수 있는 방식을 선택하는 게 좋다. 그래야 손해를 안 본다. '수익이 적어도 된다.' '손실을 보는 건, 절대 받아들이지 않겠다.'라는 마음으로 정말 보수적으로 운영하는 게 좋다. 그래야, 나이 들어서 갑작스레 재산을 다 날리고 길거리로 나앉는 것을 방지할 수 있다.

누가 100만 원으로 1년 만에 1억을 벌었다는 말을 들으면 심장이 뛴다. 나도 그러고 싶다는 마음이 생긴다. 특히나 가까운 지인이 그런 수익을 얻었다고 하면 샘도 나고 나도 할 수 있을 거 같다. 그런 데 걸려들면 안 된다. 그런 혹하는 말이 나에게까지 들릴 정도면 끝물이다. 그리고, 남이 그렇게 돈을 벌어도 내가 똑같이 돈을 벌 수 있다고 믿으면 곤란하다. 나는 멍청하다. 아는 게 없어서 정말 확실한 게 아니면 하지 않는다. 이런 마음으로 접근해야 한다. 그래야 손해 보지 않고 자산을 잘 유지 시킬 수 있다.

자산은 관리하는 거다. 최대한 잘 유지하는 게 최우선이다. 2배, 5배, 10배 불릴 수 있으면 좋겠지만 그 전에 내 원금을 손해 보지 않는 게 먼저다. 손실을 입지 않는 상태에서, 무엇을 할 생각을 해야 한다. 그래야, 마음이 편해진다. 그리고 정말 무언가에 투자하려면 치열하게 공부하고 또 공부해서 정말 잘 안다고 판단이 들 때 해야 한다. 그게 안전해지는 모습이다. 쉽게 돈 버는 일은 없다. 쉽게 돈을 날려 먹는 일만 있을 뿐이다.

투자해도 되나?

　정말 자신이 잘 아는 분야에 투자하는 건 괜찮다. 그런데 잘 모르는 분야에서 투자하는 건, 매우 위험한 일이다. 잘 모르는데, 돈까지 벌었다면, 이건 더 재앙이 될 수 있다. 더 많은 돈을 가져와서 쏟을 가능성이 커지기 때문이다. 잘 모르는데도 돈만 벌면 된다는 생각만큼 위험한 게 없다. 함부로 투자하는 건 매우 무서운 일이 될 수 있다. 우연한 운이 큰 화로 번지는 일이 많다. 그래서 항상 조심 또 조심해야 한다.
　주가가 몇 달 사이에 10배가 올랐다. 이러면 이건 분명 비정상이다. 대부분, 제대로 된 투자가 아닌 투기일 가능성이 크다. 있는지도 몰랐던 기업의 주가가 급등하면, 우려하며 봐야 한다. 시간이 좀 더 지나면 거품이 꺼지기 때문이다. 특히나, 언론이나 유튜브에서 유명한 전문가라고 말하는 이들이 추천하면 더욱 의심해보아야 한다. 쉽게 돈 버는 일이 없기 때문이다. 우연히 큰돈을 버는 건, 위험한 일이다. 그걸 자기 실력으로 믿게 되면 나중에 감당할 수 없을 만큼 일을 크게 벌인다. 그러다가 무너지면 다 잃는 것이다.

투자를 하면서도 항상 실물 경제를 들여다보고 어떻게 흘러가는지 관심을 가져야 한다. 한국은 수출, 수입으로 먹고사는 나라여서 외부 환경의 변화에 민감하게 반응한다. 변화가 크고 깊다. 그래서, 언제 어떻게 경제 상황이 바뀔지 모른다. 쉽게 출렁거린다. 그러므로 항상 예의주시해야 한다. 그만큼 경제 변동폭이 심하다. 그걸 인정하고 움직여야 한다. 워낙 변화가 많기에 나까지 휘둘리면 안 된다. 나 자신은 최대한 보수적으로 행동해야 한다.

주식이든 부동산이든 잘 공부해서 흐름을 파악하고 뛰어드는 건 괜찮다. 다만, 너무 과도한 욕심은 금물이다. 아무리 좋은 투자도 무리하면 화가 된다. 그걸 명심해야 한다. 자기 그릇 안에서, 자기가 감당할 수 있는 범위 내에서 움직이는 게 제일 좋다. 조금 욕심이 커지면, 투기가 되는 일은 수시로 벌어진다. 투자와 투기의 경계는 종이 한 장 차이다. 언제든 투기로 돌변할 수 있다. 돈 좀 벌었다고 더 욕심내서 빚까지 내면 그냥 재앙을 맞게 된다.

빨리 큰 돈을 벌고, 은퇴하거나 노후 준비를 다 하고 싶어 하는 마음은 버려야 한다. 그런 마음이 투자를 망치는 경우가 많다. 노후 불안을 부추기며 영업 팔이 하는 자들이 많다. 그런 이들의 말에 휘둘리지 마라. 세상이 내 뜻대로 흘러가고 착착 진행되면 좋겠지만, 내 바람과 다르게 진행되는 경우가 더 많다. 그럴 때, 포기해버리거나 놔버리는 일도 생긴다. 그러니, 정말 경계하고 자기 자신을 잘 컨트롤 할 수 있을 때에, 투자를 하는 게 좋겠다.

부동산,
어떻게 봐야 하나?

 2025년, 부동산 시장은 어떻게 보는 게 좋을까? 서울 기준 주택구입 부담지수가 22년 4분기에 214.6이었다. 역대 최고치였다. 22년 4분기 집값이 가장 높았다는 것이다. 그리고 2015년 1분기 83.7, 3분기 90.4였다. 그때가 가장 집값이 쌌던 때였다. 그리고 24년 3분기에 150.9였다. 주택구입 부담지수가 100이라는 건, 소득 기준 25%를 주택 관련 채무 갚는 데에 사용한다는 뜻이다. 주택 구입 부담지수 200은, 소득의 절반을 빚 갚는 데 쓴다고 보면 된다. 사람들이 돈이 없다. 그간 대출을 수월하게 해서 집을 샀는데, 부동산 가격이 너무 천정부지로 올라 있다.

 앞으로 최소 몇 년간은 조정기를 거칠 것이다. 내 개인적인 생각으로는 2025년에서 2029년까지는 하락기를 거칠 것 같다. 그러므로 지금 부동산을 사서 시세 차익을 보겠다는 생각을 하는 건 좋지 못하다. 앞으로 몇 년간은 지켜보는 게 좋다. 앞으로 상승보다 하락할 가능성이 더 크다. 부동산은 사이클이다. 경기가 좋고,

시중에 자금이 풍부할 때는 그 자금이 부동산 시장으로 유입되어, 가격을 끌어올리기도 한다. 그런데 지금은 시중 자금이 부족해지고 있다. 그래서 대출이 중단되는 일도 생기고 있다. 25년 상반기는 대출이 나오지만, 하반기 되면 또 대출 중단된다. 대출 총량제 시행 때문이다. 그러므로 최소 몇 년간은 두고 보는 게 낫다.

무리하게 빚지면서 부동산을 덜컥 매입했다가는 큰일난다. 지금은 절대 사야 될 시기가 아니다. 최소 몇 년간은 관망하는 게 좋다. 25년, 26년, 27년은 지나가게 놔두는 게 좋겠다. 지금은 아무런 결정을 하지 않고 지켜보는 것도 좋은 선택이다. 금융권들의 대출 가능 조건도 엄청 까다로워질 것이다. 게다가 개인별 신용 점수제를 매겨서 개별적으로 가산 금리를 부과한다. 그래서 남들과 다르게 차등 금리를 적용받아, 대출 이자 때문에 힘들어하는 사람도 늘어나게 된다. 무리한 빚 때문에 연체로 경매 처분 당하는 사람들이 속출하고 있다.

부동산 PF 대출 연체도 계속 눈덩이처럼 불어나는 중이다. 증권사 PF 대출 연체가 15%를 넘기고 있다. 앞으로 1년 안에 할인 분양 물량이 넘칠 거라는 걸 알려주는 신호다. 할인 분양이 늘어나면 사람들이 사겠다고 더 몰려드는 게 아니라, 관심이 실종된다. 그리고, 건설사들은 정부에게 세금으로 자신들의 미분양 물량을 사달라고 여러 방면으로 압박을 할 것이다. 그래서 더욱 부동산 시장이 침체를 겪을 것이다.

 또한, 역전세 물량도 계속 증가 중이다. 전세가격 하락이 계속되고 있다. 전세가 하락은 집값 하락을 부른다. 감당 못 할 만큼 집주인들이 세입자에게 돌려줘야 할 차액분도 늘고 있다. 어떻게 될까? 결국 집주인들이 서둘러 집을 팔아야 된다. 그렇게 되면 더 많은 매물들이 시장에 나오고 가격은 또 내려갈 가능성이 크다. 이게 앞으로 몇 년간 지속될 분위기다. 그러므로 지금은 두고 보는 게 제일 최선이다. 최소 몇 년간은 신중하게 판단하는 게 좋겠다.

주식,
나에게 적당할까?

　코로나 팬데믹 이후 많은 이들이 주식 시장에 뛰어들었다. 자고 일어나면 주가가 오르고, 삼성전자, 카카오, 네이버 등 많은 주식들을 추천했었다. 전문가, 교수 등 많은 이들이 주식 시장이 장밋빛이라고 얘기했다. 그런데, 2025년 상황은 계속 변하고 있다. 지금도 바닥이고 다시 올라갈 거라고 말하는 이들이 있다. 과연 그럴까? 앞으로 주식 시장도 좋아지기보다는 나빠질 가능성이 크다. 유의하고 바라보는 게 좋다. 트럼프 2기 정부 시대에 접어들어 더욱 국내 주식 시장은 분위기가 안 좋다. 게다가 미국 주식 시장도 언제 어떤 일을 겪을지 모른다. 그러니 신중해야 되겠다.

　이왕이면 주식은 고배당 우량주 위주로 하는 게 좋다. 그래야 주식 가격이 어느 정도 안정적인 구간 안에서 움직이게 된다. 그리고 매년, 혹은 분기별로 배당금을 받으면 그 돈으로 재투자할 수 있다. 중독 배당주가 좋다. 커피믹스, 소주 원당주, 도박, 담배 이런 게 좋다. 커피믹스는 담배와 동급이다. 금세 중독된다. 술,

담배, 도박에 투자하면 쉽게 망하지 않는다. 장기 투자 주식으로 여성 생리대 기업의 주식도 좋다. 생리대나 화장지는 매일 사야 하는 반복 재구매 필수품이다. 무엇보다 계속 소비가 일어나는 품목이 최고다.

주식은 사고파는 손바뀜이 유난히 심한 곳이다. 적당한 시기에 사서 시세 차익을 보고 팔고 싶다. 그런데 그렇게 매번 수익을 내는 결정을 하기는 쉽지 않다. 그리고 그런 적절한 타이밍을 맞추기 위해 주식 시장에 시간을 많이 할애하기도 어렵다. 생업에 집중해야 하기 때문이다. 손쉽게 주식으로 돈 버는 일은 없다. 착각하면 내 돈만 잃는다. 그러니 좀 더 신중히 살펴보는 게 좋다.

투자 세계에서 돈을 버는 것도 중요하지만 더 중요한 것은 잃지 않는 것이다. 대부분의 사람들이 버는 것만 생각하고 잃는 것은 고려하지 않는다. 그리고 남들이 다 손실을 봐도 내가 하면 이익을 볼 것 같은 착각에 빠진다. 그래서 더 조심해야 한다. 잃지 않고 투자하는 게 절대 쉽지 않다. 그래서 최대한 잃지 않는 법을 모색해야 하는데, 그중 하나의 방법이 고배당 우량주에 투자하는 것이다. 고배당 우량주를 사서, 평생 보유하며 배당금 받는 데에 집중하는 게 나을 수 있다. 한국쉘석유 같은 주식은 오랫동안 고배당을 준 알짜 주식이다. 그런데 주가 변동폭이 적어 관심을 적게 받고 있다. 그런데, 이런 주식이 안정적인 수익을 확보하게 해준다.

절대로 빚내어 투자하지 말아야 한다. 빚내서 투자하면 마음이 조급해진다. 합리적인 결정을 하기 어려워진다. 매달 다가오는 이자와 원금 납부 시기가 차분하게 결정하게 놔두지 않는다. 주가가 조금이라도 내리면 반대 매매의 위험에도 내몰리게 된다. 빚내어 투자한 게 잘될 가능성은 거의 없다고 보면 맞다. 그런데 요즘 너무 많은 사람들이 빚투하고 있다. 그들은 주가 하락 시기에는 대부분 다 몰살당한다.

무엇보다 투자하기로 마음 먹었다면 제대로 공부해야 한다. 대차대조표, 손익계산서, 영업이익, 에비타, PBR, PER 등 각종 용어를 알고 그 기업의 영업 활동이 어떤지 정도는 파악할 줄 알아야 한다. 제대로 된 현황 파악 후에 주식 투자를 할지 말지를 결정해야 한다. 그런 것도 보지 않고 투자를 결정하는 것만큼 어리석은 일은 없다. 노동시장에서 하루 8시간 이상 일해서 벌어들이는 돈을 생각해보면 투자에 얼마나 많은 시간을 들여야 할지를 추정할 수 있을 것이다.

저축은 별로인가?

저축은 가장 느리고 지루한 자산 증식 방식이라고 말한다. 그러나 가장 안전하다. 저축은 손실이 없다. 그래서 자산이 늘어나는 일만 있다. 물론 증식 속도가 느린 건 맞다. 그런데 잘 따져 보면 이게 제일 빠른 길일 수도 있다. 주식처럼 수익이 플러스, 마이너스로 롤러코스터처럼 움직이다 보면, 내 마음만 흔들린다. 그런데, 저축은 믿을 만하다. 잃지 않는다. 확실하다. 그래서 가장 빠를 수 있다. 이 절대 우둔한 방식이 아니다. 더 현명하고 더 영리한 이들이 선택하는 방법이다. 그러니, 저축을 최우선으로 염두해 둬도 된다. 아니, 그래야 한다.

나이가 들수록 투자보다 저축이 더 필요하다. 안전하게 돈을 불릴 궁리를 해야 한다. 저축이 재테크를 이긴다. 당장에는 재테크로 수익률을 높이는 게 현명해 보이지만 재테크로 손실 보고 마이너스 나는 것보다 수익이 적어도 안정적으로 계속 자산을 늘려가는 저축이 낫다. 철저히 계산하고 절약하며 저축하는 게 좋다. 저축을 계속해서 자산의 크기가 커지면 적지 않은 이자 수익이 생긴다. 절대 우습지 않다. 그러니 저축 즉 예금, 적금도 관심을 갖고 살펴본다. 종종 특판 예금, 적금이 나올 때가 있다. 그러한 것에 대한 관심도 돈을 벌 기회가 된다.

불황이 심해질수록 현금의 가치가 더 커진다. 앞으로 돈가뭄 시대가 최소 5년은 지속될 것이다. 이웃사촌도 없는 시대에 현금이 있어야 굶지 않고 먹고살 수 있다. 이제는 밥 한 끼도 못 먹는 이들도 나올 것이다. 그러므로 더욱 아껴서 저축해야 한다. 그래야 미래를 대비할 수 있다. 내가 먹고 싶은데 안 먹고 아끼는 것과 돈이 없어서 못 먹는 거는 차원이 다르다. 전자는 내가 선택한 것이고, 후자는 강요된 것이다. 전자의 삶을 살면 당장은 불편해도 나중이 편할 수 있다.

성공, 대박을 바라는 이들은 저축을 우습게 생각하고 쉽게 빚을 진다. 빚을 레버리지라고 부르며, 활용해야 된다고 말한다. 대출 이자 3%짜리 돈을 빌려서 수익 5% 내면 2% 이득이라고 말한다. 그런데, 세상일이 딱 그렇게 흘러가지 않는다. 투자가 수익만 내는 게 아니라, 손실을 입기도 하고, 주식 투자를 하면, 반대매매 당해서 빚도 갚아야 하고 손실도 입는 경우가 생길 수 있다. 이자가 싸다고 돈을 계속 빌리고 투기만 하다가 돈 날리는 일이 참 많다. 그런데, 저축은 계속하면 돈이 불어난다. 그러므로 저축을 우선시

해야 되겠다.

　정말 기본을 중시해야 한다. 착실히 돈 모아서 저축하는 이들은 돈만 저축하는 게 아니다. 인생도 같이 저축하게 된다. 당장 내 처지에서 저축할 수 있는 돈이 10만 원, 20만 원이면, 그 금액부터 시작한다. 남들은 100만 원, 200만 원 저축하는데 내 저축액이 너무 적다고 힘 빠질 수도 있다. 그러나, 그런 실천이 나중에 쌓이고 또 쌓이면 더 커질 수 있음을 잊지 말아야 되겠다. 저축액도 중요하지만, 그보다 먼저는 저축하는 모습이다. 저축 습관을 갖추는 게 먼저 필요하다.

비상금을
확보해야 한다

당장 30만 원, 50만 원이 없어서 사채 시장에 가서 돈 빌리는 이들이 있을 정도로 지금의 삶은 어렵다. 소액 대출 50만 원을 내고 한 달에 이자 6천 원도 못 내서 연체하는 이들이 있다고 한다. 믿기 어려울 정도로 돈이 없다는 것이다. 이래저래 쓸 돈이 없다. 정말 돈이 없어서 밥을 굶는다는 게 거짓말이 아닌 시대다. 통장에 100만 원이 없는 이들도 적지 않다. 에이, 한국이 1인당 국민소득이 3만 달러가 넘는데, 그렇게 돈이 없다고? 아닐 것이다. 이러는데, 진짜 현실은 불편하다. 사람들이 돈이 없어 허덕이며 산다.

그래서 우리는 더욱 비상금을 확보해야 한다. 비상금은 언제든 쓰는 용도가 아니다. 정말 꼭 필요할 때를 대비해서 비축해놓는 대비용이다. 그러므로 더욱 비상금 확보에 사활을 걸어야 한다. 그래야 갑자기 가족이 아프거나 내가 아플 때, 병원비로 급히 쓸 수 있다. 돈 없으면 아파도 병원에 못 간다. 돈 없으면 서럽고 창피하고 부끄러워진다. 고작 몇십만 원이 없다는 얘기를 남에게 하기도 힘들다. 돈 없으면 아파도, 끙끙거리며 버티는 거 외에 길이 없다. 돈 없으면 아플 수도 없다.

게다가 돈 없으면 금세 빚쟁이로 전락한다. 카드론, 리볼빙 등 여러 이름으로 대출을 해주는 게 있다. 이 정도까지 내려오고 나면 그다음은 사채뿐이다. 겉으로 볼 때는 멀쩡해 보이는데 실상은 빚지고 매우 우울하게 사는 이들이 한둘이 아니다. 빚을 정말 무서워하고 돈 없으면 일해서 돈 벌어서 쓸 생각을 해야 한다. 돈 빌리고 못 갚으면 파산하고 회생할 생각하면 인생이 개판 된다. 그러니 절대 빚질 생각하지 마라. 빚지고 나면 또 빌리고 빌리는 악순환에 빠져든다. 돌려막기 할 수준까지 오게 되면 인생은 그냥 끝났다고 봐야 한다.

당장 비상금을 마련할 목표 금액을 정해 놓는다. 처음에는 5만 원, 10만 원, 30만 원으로 적게 목표 금액을 잡아도 괜찮다. 그리고 그게 이뤄지고 나면 그다음에는 50만 원, 100만 원, 300만 원씩 계속 목표를 높이고 달성해 나가면 된다. 그렇게 적은 금액이라도 내가 이뤄내면 자신감도 생기고 좀 더 금액을 높여서 돈을 더 모을 욕심도 생기게 된다. 세상에서 제일 재미있는 게 돈 모으는 재미라고 했다. 그걸 아는 사람들은 빚지고 이자 내며 사는 걸 못 견딘다.

생활을 안정적으로 유지하고, 떳떳하게 살기 위해 더욱 비상금이 필요하다. 이왕이면 그 비상금 중 일부는 현금으로 인출해서 내가 갖고 있는 게 좋다. 현금이 주는 안정감은 생각보다 크다. 그 돈이 나에게 자신감도 주고 편안함도 준다. 비상금을 갖고 있는 이들은 조용히 자기 삶을 지킬 수 있다. 힘들고 어려운 일이 닥쳐도 비상금으로 갖고 있는 돈이 두려움까지 줄여 준다. 그러므로 비상금을 꾸준히 확보하는 게 좋겠다.

돈은
목숨줄이다

돈은 꼭 필요하다. 경제적 자유를 가져야 한다고 말하는데, 실제로 경제적 자유를 누리는 사람들은 적다. 그리고 돈이 없어서 허덕이는 이들이 생각보다 많다. 우리는 항상 돈이 필요하다. 돈이 없는 사람들은 세상에 휘둘리게 되고 끌려다니게 된다. 내 마음대로, 내 의지대로 살 수 없다. 직장에서도 허드렛일을 강요당해도 부당한 가스라이팅을 겪어도 제대로 항변하지 못한다. 당장 목구멍이 포도청이라, 먹고 살아야 해서 감수한다고 얘기해야 한다.

그런데, 통장 잔고가 두둑한 이들은 다르다. 그들은 자기 목소리를 낼 수 있다. 눈치 보거나 남을 의식하지 않는다. 충분한 자신감이 자신이 가진 돈에서 나오기 때문이다. 부당함에 대항할 수 있고 부조리를 그냥 넘기지 않을 수 있다. 직책이나 직위에 목매지 않고 자신의 신념대로 일하고 회사가 정 아니다 싶으면 회사를 버리고 자신을 더 인정해주는 곳으로 옮겨갈 수도 있다. 자신의 소신, 생각대로 움직이며 살 수 있다. 그렇게 살기 위해 더욱 빚지지 않고 경제적인 대비를 해둬야 한다.

우리네 삶을 좌우하는 게 돈이다. 있어도 그만 없어도 그만이 아니다. 꼭 필요하다. 돈이 있어야, 가족들 배고프지 않게 밥을 먹이고 또, 여가 활동도 하고 외식도 하고 사고 싶은 물건들도 살 수 있다. 만약 돈이 없으면 가족들이 제대로 모여 저녁 식사하는 것도 어렵다. 생활이 곤궁한 집안은 엄마와 아빠가 주말에도 제대로 쉬지 못한다. 시간이 나면 어디든 가서 돈을 벌어야 하기 때문이다. 그런 환경에 있는 아이들이 공부를 잘하고 안정감을 가질 수 있을까? 힘든 일이다.

　아이들 먹고 싶어 하는 것 못 먹게 하면 부모 입장에서는 엄청 서럽다. 서글프다. 빚지거나 돈이 없으면 애들에게 안된다고 말할 수밖에 없다. 이게 불편하지만 진짜 현실이다. 경제적으로 여유가 있으면, 아이들 공부 실력이 부족할 때 학원도 보낼 수 있고, 노부모가 아프면 병원에 모셔갈 수도 있다. 이게 다 돈이 있어야 가능한 일이다. 우리네 현실에서 돈은 꼭 있어야 하는 필수재다. 부자 어쩌고 하는 얘기에 휘둘리지 말고, 차근차근 돈을 축적해서 현실에 잘 맞서야 되겠다.

　언제든 우리의 목숨줄을 좌우하는 돈을 잘 관리하고 아끼고 절약하며 마련해둬야 한다. 그래야 나와 가족의 삶을 지킬 수 있다. 돈을 버는 이유가 무엇이냐? 나와 가족을 편안하게 해주기 위함이 아닌가. 그러니, 차근차근 성실히 일하고 소비를 조절하며 삶을 지키기 위해 돈을 마련해야 된다. 돈을 안전하게 불려 나가야 한다. 빨리 돈을 늘리는 것도 좋지만, 안전하게 현금을 계속 만들어 내는 게 더 중요하다. 잃지 않고 불리는 게 더욱 필요하다.

나이 들수록 더욱 돈은 중요하다

나이가 들수록 돈이 없으면 더욱 서러워진다. 요즘은 나이 70대에도 일하고 싶어 한다. 정말 그들이 일을 하고 싶은 걸까? 아니면 생계 때문일까? 생계 때문일 가능성이 크다. 나이 들어서 돈이 넉넉히 있는 이들은 엑티브 시니어라고 불리며 소비의 중심축으로 대접 받는다. 대단하시다. 젊으실 때 인기 많으셨겠다 등등의 사탕발림 영업용 멘트도 듣는다. 그러나 돈이 없어서 허드렛일을 해야 되는 입장이 되면 어떨까? 아주 젊은이들에게 온갖 멸시를 다 받고 무시 당한다. 이게 현실이다.

지금 당장 수중에 돈이 없다고 하면 어떻게든 돈을 더 벌어서 생활비 쓰고 아껴서 저축해야 한다. 내 통장 계좌에 돈이 있어야 한다. 그래야 갑작스레 돈 들어갈 일이 생길 때 대응할 수 있다. 아파서 병원에 가야 하는데, 병원비가 없으면 못 간다. 그러면 얼마나 서럽겠나? 아픈 것도 아픈 거지만, 병원에 못 가는 신세가 엄청 서러워진다. 요즘은 정말 돈이 없어서 병원도 못 가고 약도 처방 못 받는 사람이 늘고 있다고 한다. 그 정도로 상황이 심각하다.

돈이 없으면 사람들을 만나고 싶어도 못 만난다. 만나면 커피값, 밥값이 드는데, 그걸 부담하기가 어렵다면, 얼마나 위축이 되겠는가. 그저 외로움만 남는 게 아니다. 돈이 있어야 친구도 이웃도 있는 거다. 돈이 없으면 친구도 없다. 오랫동안 알고 지낸 지인들과도 돈을 쥐고 있어야 만날 수 있다. 얻어먹는 것도 한두 번이지, 자꾸 그럴 수 없다. 돈이 없는 서러움은 나이가 들수록 더 심해진다. 그걸 알고 미리미리 돈을 준비해둬야 한다. 최소 3개월 치 생활비는 통장에 있어야겠다. 그래야, 갑작스런 경제적 어려움에 대응할 수 있다.

끝까지 살아남고 버티기 위해서는 경제적인 부분을 제일 먼저 해결해야 한다. 그게 안 되면 버티는 것도 내 뜻대로 안 된다. 특히나 지금처럼 고물가, 고이자, 고유가 시대에는 돈의 위력은 더욱 강하다. 그러므로 평소에 아껴서 현금을 마련해 둬야 하고, 추가로 현금화할 수 있을 만한 것들을 모아 놓는 것도 필요하다. 돈을 중요하게 생각하지 않으면 언제든 그 돈의 위력 아래 굴복하게 된다. 매우 처참한 삶을 살 수 있다. 그러니 정신 바짝 차려야 한다.

비상시를 대비하는 것만큼 중요한 게 없는 때가 지금이다. 어떻게든 살아남아야 하는데, 생존에 제일 필요한 게 바로 돈이다. 비상금이 꼭 필요하다. 추운 겨울날 난방비 걱정에 보일러를 켜지도 못한다면 얼마나 안타까운가. 무더운 여름에 선풍기 하나에 의지하고 살기에는 너무 힘들다. 요새는 연탄도 옛날만큼 저렴하지 않아서 가스통을 사서 겨울을 난다는 이들도 있다. 각종 공과금도 돈이 있어야 맘 놓고 낼 수 있다. 그만큼 돈이 중요한 걸 새삼 느끼고 잘 대비하면서 살아야 되겠다.

돈 모으는 방법,
뭐든 좋다. 다 시도해라!

돈을 모아야 되겠다는 절박함이 필요하다. 세상에 내가 하고 싶은 거 다 하면서 돈을 모을 수 있는 길은 없다. 어떤 이들은 내가 돈을 더 벌면 더 저축할 수 있을 거라고 말한다. 그런데, 순서가 잘못되었다. 돈을 더 번다고 저축 더 할 수 있는 사람들은 생각보다 적다. 버는 돈이 늘어나면 통상적으로 씀씀이도 같이 늘어난다. 그래서 나도 모르는 사이에 돈이 더 나가는 경우도 많이 생긴다. 돈을 모으기 위해서는 좀 과도한 절약이나 결심이 필요하다.

현재 버는 돈에서 저축할 만큼의 돈을 먼저 떼 놓고 나머지 돈으로 생활해야 한다. 저축은 정기 적금으로 따로 가입해놓고, 매달 내 통장에서 공제되게 하는 게 좋다. 그런 뒤, 사용한다. 최대한 현재의 생활비 안에서 지내도록 각오해야 한다. 남들 하는 거 나도 다 하고, 비교하고 즐기려고 하면 돈 모으는 건 힘들다. 불가능하다. 최대한 돈을 모으는 재미를 느낄 수 있어야 한다. 처음은 힘들어도 몇 달, 몇 년 절약해서 돈을 모아가는 재미를 알게 되면 그다음은 알아서 돈이 더 모인다.

  어떻게든 극한의 빈곤함을 일상으로 삼을 때, 조금이라도 더 넉넉한 나중의 삶이 보장된다. 스스로 절약하는 삶을 추구해야 한다. 돈을 모아가는 재미를 알아야 한다. 세상에서 제일 재미가 돈 모으는 재미라고 했다. 그런데 이 재미는 돈을 모아본 사람만이 알 수 있는 재미이다. 꾸준히 모을 줄 알아야 한다. 유튜브든 언론에서든 1억 모으기 이런 게 유행하던데, 금액도 중요하지만, 내 생활이 감당되는 범위 안에서 차근차근 저축을 실천할 수 있게 적응해야 한다. 처음에는 부담 없는 목표 금액부터 시작한다. 200만 원, 500만 원, 천만 원처럼 달성 가능한 금액부터 시작한다. 그리고 서서히 목표 금액을 올려 간다. 그렇게 돈이 계속 모이면 마음이 든든해진다.

  그리고 어떤 저축 방법이 좋을지는 각양각색이다. 뭐든 자신에게 맞으면 된다. 무리하게 들었다가 중도에 깨는 거는 별로다. 그래서 예를 들어 월 100만 원을 저축하겠다고 마음먹고 적금을 넣는다면, 한 번에 100만 원짜리 적금을 넣지 마라. 그보다는 20만 원짜리를 5개로 나눠서 드는 게 좋겠다. 그래야 위급할 때, 깨야 될 일이 생길 때, 하나든 둘이든 깨면 되는 것이니 말이다. 최대한 여러 유튜브나 블로그 글들을 살펴보고 자신에게 잘 맞는 방법을 찾는 게 좋다.

통장 잔고에 돈이 쌓이면 되려 물건에 대한 욕심도 줄어들고 남을 의식하는 일도 사라지게 된다. 더욱 자신감이 넘치고 하는 일에도 더 집중할 수 있게 된다. 그저 돈이 좀 있을 뿐인데가 아니다. 돈 많은 사람들은 돈 때문에 자신의 양심을 파는 일도 안 한다. 그럴 필요가 없기 때문이다. 이처럼 더욱 주도적으로 사는 사람이 되기 위해 더욱 저축하고 아껴서 돈을 가져야 한다. 넉넉하게 살아갈 정도의 돈이 있어야 한다.

돈이 어디로 몰리는지
관찰한다

　돈은 누구에게나 혜택을 준다. 그래서 돈을 좋아한다. 사람들은 돈을 더 벌고 싶어 하고 어떻게 하면 부자가 될 수 있을지 생각한다. 그러나, 현실 세계에서 돈을 많이 벌기란 정말 어렵다. 언론이나 유튜브에서는 노동 소득 말고 자본 소득을 늘려야 한다고 말한다. 맞는 얘기다. 그러나, 노동소득을 배제하고 자본 소득만 갖기란 보통 사람들에게 거의 무리이다. 노동소득을 바탕으로 해서, 자본 소득을 가지려고 애쓰는 게 좋다. 그리고, 돈을 더 벌기 위해서는 남을 편하게 해주어야 한다.

　다른 사람들에게 혜택을 제공하는 사람들이 돈을 번다. 편리함을 주는 이가 돈을 번다. 상품을 사기 위해 줄 서는 것을 대신해 주는 아르바이트도 대기 시간을 줄이는 편함을 제공하는 덕분에 돈을 버는 것이다. 또한, 즐거움 제공이 돈이 된다. 노래나 춤, 연극, 스펙타클한 영화 등 공연을 관람하며 즐거워할 때 사람들은 기꺼이 돈을 지불한다. 그래서 즐거움을 주는 이는 돈을 번다. 또 안전함을 이용하여 돈을 번다. 도둑 방지, 각종 해충, 벌레 방지 등을 위한 장치나 상품들을 팔 때 돈을 벌 수 있다. 사람들의 필요한 수요를 잘 파악하여, 충족시켜 주는 이들이 돈을 번다.

　최근에는 시대의 흐름을 잘 활용한 사람이 부유해진다. 네이버, 쿠팡과 같은 인터넷 검색 사이트를 만들어, 사람들의 관심사를 만들고, 또 상품을 판매하고 뉴스를 만들어 내는 곳이 돈이 모이는 장소이다. 또 소셜미디어를 이용한 직방, 배달의 민족을 만든 이들도 새로운 사업으로 만들어서 성공하고 부를 얻었다. 그들은 사람들을 열광하게 만들고 충성하게 만들었다. 과거에도 음식 배달은 있었다. 그러나, 배달 플랫폼이 이렇게 강해진 것은 최근의 일이다. 사람들이 미처 알지 못하는 욕구도 새로이 창출해서 고객들에게 제시한 덕분이다.

　또한, 최근에는 1:1 강의, 상담도 새로운 시장으로 활성화되고 있다. 크몽 같은 곳에서 자기만의 재능을 제공하고 돈을 번다. 재능 플랫폼이다. 자신의 경험, 지식을 남에게 알려주는 것도 돈이 되는 것이다. 그들은 1인 기업가로 활동한다. 소설가, 시나리오 작가, 강연가, 컨설턴트, 코치 등 1인 기업가들이 각자 자기만의 새로운 영역을 만들어내어 돈을 벌기도 한다. 물론, 거품도 있고, 가짜와 허위도 판친다. 검증이 안 되어 있는 경우도 많다.

확실히 과거에 비해 새로운 형태의 돈 벌 기회는 늘어나고 있는 게 사실이다. 그러한 기회들을 어떻게 활용할지는 개개인에게 달려 있다. 때로는 실력보다 운이 더 작용하여 돈을 벌 수도 있을 것이다. 그러한 운이 자신에게 잘 다가오도록 노력하는 것이 먼저이다. 1인 기업가로 돈의 구속을 받지 않고 좀 더 자신 있게 잘 운영하기 위해서는 돈의 흐름에도 관심을 갖고, 잘 움직여야 되겠다. 그래야, 자신의 일을 잘 지킬 수 있다.

꾸준한 현금 흐름을 확보하라

우리가 통상적으로 돈을 벌 때, 직장인, 임금 노동자가 되는 경우가 대부분이다. 사업하고 장사하는 사람들보다 벌어들이는 돈이 적다고 생각하기도 하는데, 절대 그렇지 않다. 장사하는 사람들은 수익이 일정하지 않다. 많이 벌 때도 있지만 손실이 나서 돈을 메워야 할 때도 있다. 그래서 항상 예비비를 갖고 있어야 한다. 그런데 직장인들은 웬만하면 안정적인 소득, 수입이 보장된다. 내가 회사에 큰 손실을 입혀, 짤리지만 않으면 월급은 나온다. 그래서 직장인들이 나중을 위한 자산 설계가 가능하다. 사업하는 사람들에 비해 누릴 수 있는 큰 혜택이다.

꾸준한 노동소득을 기반으로 살아가는 게 좋다. 노동소득에서 생활비로 쓰고, 일정부분은 따로 떼 내어, 예금, 적금도 가입하고 고배당 우량주도 사고, 고이자를 주는 채권도 산다. 부동산도 잘 살펴보고, 아주 값싸게 오피스텔, 빌라를 사서 월세 받는 것도 좋다. 어떤 식이든간에 꾸준한 현금 흐름을 만들어내는 투자를 해 놓는 게 좋다. 자본소득이라고 말하는 것들이다. 노동 소득과 자본 소득을 같이 갖고 가면 좋다.

당장은 투자든 저축이든 할 돈이 적을 수 있다. 처음에는 적은 금액으로 시작해도 된다. 돈의 많고 적음보다 투자, 저축하는 습관을 갖추는 게 먼저다. 습관을 갖춘 다음에, 꾸준히 계속 시도하는 게 중요하다. 돈을 많이 모아가고 자산의 안정을 추구하는 데에는 습관이 정말 중요하다. 항상 일정하게 저축을 하거나, 고배당 우량주를 사는 습관은 시간이 지날수록 우리의 가계 살림을 좋게 만들어 준다. 그러니, 아주 적게라도 시작하는 게 중요하다.

예를 들어 KT&G 담배인삼공사 주식을 사면 매년 배당금으로 5,200원을 받을 수 있다. 대략 10만 원에 1주를 사놓으면 매년 5% 이상의 배당금을 받는다. 받은 배당금을 모으고, 월급에서 따로 또 떼 내어서 계속 KT&G 주식을 늘려가면, 금새 주식 수도 늘어나고 배당 받는 금액도 늘어날 것이다. KT&G 주식으로 천만 원어치 사놓으면 1년에 52만 원이 생긴다. 1억이면 1년에 520만 원이다. 절대 적은 금액이 아니다. 게다가 주가가 오르면 오른 주가에 맞춰서 배당률이 올라갈 것이다. 나중에 주가가 20만 원이 되면, 배당금은 5천 원이 아니라 1만 원이 될 수도 있다. 10만 원에 KT&G를 1억어치 사 놓으면, 나중에 주식 평가금액이 2억 되고, 배당금이 1년에 1천만 원 나오는 마법이 벌어질 수도 있다. 그러니, 고배당 우량주에 관심 갖고 사놓고 평생 보유하는 게 좋겠다.

KT&G, 한국쉘석유, 동서, 맥쿼리 인프라, 강원랜드, 대한항공, SK, 롯데관광개발, 롯데손해보험, 코람코 라이프, CJ CGV, 이마트 등 현재 배당을 많이 주고 있거나 향후 고배당이 예상되는 기업들을 찾아보고, 조금씩 사놓으면 좋다. 어느 정도 주식 수가 모이게 되고, 배당 금액도 적지 않게 나올 때가 되면, 알아서 계속 현금흐름을 만들어 주는 두둑한 현금성 자산이 되어 있을 것이다.

제6장

부채, 두려워해야 한다

부채,
두려워해야 한다

부채, 빚은 평생을 꼬리표처럼 따라다닌다. 빚을 별거 아닌 것처럼 생각하는 이들이 대부분, 큰 화를 입는다. 돈 1억으로 어디다 쓰냐? 이렇게 말하는 사람치고 1억을 모아본 기억을 가진 이는 없다. 워낙 10억, 20억을 쉽게 말하니, 1억을 우습게 생각하는데, 보통 사람에게 1억은 최소 7~8년에서 10년 이상의 기간을 들여서 아껴야 가질 수 있는 돈이다. 그러나 빚은 금방 불어난다. 정신줄 놓으면 빚 1억, 2억은 금방 생길 수 있다. 자산 1억과 부채 1억은 차원이 다르다.

돈을 벌어서 아껴서 저축하는 건 정말 어렵고 빚지는 건 너무 쉽다. 그래서 빚을 만만하게 생각해서는 안 된다. 빚지고 사는 걸 겁내야 한다. 겁내야 쉽게 빌릴 생각을 갖지 않는다. 은행들은 빚진 사람들에게 이자 받아서 먹고 사는 사업체다. 자선 사업을 하는 곳이 아니다. 그런데 사람들은 착각하며 산다. 은행이 마치 정부인 것처럼 언제든 돈이 필요할 때, 가서 빌릴 수 있는 곳으로 착각한다. 빚지고 안 갚기 시작하면 은행은 사채업자로 돌변하고 독촉 전화를 한다. 절대 편하게 생각하면 안 된다.

남들도 다 빚지고 산다는 말이 겁을 상실하게 만든다. 절대로 쉽게 생각하면 안 된다. 그러다가 몰락하고 인생이 망가진다. 빚 갚는 것은 정말 어렵다. 빚이 불어나는 것은 금방이지만 갚는 건 정말 고통스럽다. 그래서 겁내야 한다. 퇴직하고 난 뒤 좀 더 쉽게 돈 벌겠다고 프랜차이즈 가맹점에 2억, 3억 들이는 건, 정말 신중해야 한다. 회사라는 조직 안에 있을 때는 많은 게 갖춰졌지만, 나와서 나 홀로 사업을 할 때는 뭐든 다 돈이 들어간다. 그래서 더 조심하며 돈을 써야 한다.

빚지고 야반도주하는 사람은 평생 도망자로 살게 된다. 나는 그럴 리 없다고 말하지만, 상황이 사람을 속이는 것이다. 함부로 단정 지어서는 안 된다. 빚지고 나 몰라라 하고 책임 안 지면 그런 꼴이 되는 것이다. 내가 무책임하면, 가족이 그 부담을 떠안을 수도 있다. 빚을 안 갚고 지낼 수 있는 길은 없다. 안 갚아도 된다는 가짜 전문가, 유튜버들의 말에 놀아나서는 안 된다. 그들이 인생을 대신 살아주는 게 아니다. 그들은 남들이 듣고 싶어 하는 달콤한 얘기만 하고 자기 인기 팔이 해서 먹고사는 이들이다. 우리네 삶에 진짜 도움을 주는 이들이 아니다. 착각하면 안 된다.

IMF 때 빚지고 지금도 빚 갚느라 허덕이는 사람들이 있다. 그들이라고 그렇게 오랫동안 빚지고 살 거라고 생각하지 않았다. 금방 갚을 줄 알았을 것이다. 그러나 쉽지 않다. 수십 년을 갚아도 못 갚는 이들이 엄청나게 많다. IMF 때, 시중 금리가 30%였던 적이 있다. 3년 적금 넣으면 예금 금리로 60%를 주던 때가 있었다. 그때 빚진 이들은 거의 다 엄청나게 몰락했었다. 절대 쉽게 생각해서는 안 된다. 적당히 갚다가 다른 큰 한 방으로 수습할 수 있다고 생각하는 이들이 많다. 그러나 그들은 대체로 죽을 때까지 빚을 족쇄처럼 안고 산다. 그러니, 함부로 빚내어서는 안 된다. 조심하고 또 두려워해야 한다.

빚투만큼
무서운 게 없다

　빚투를 너무 쉽게 말하는 이유가 뭘까? 빚지는 걸 자연스럽게 만들려는 속셈이다. 한국은 이제 곧 노동력 부족 국가가 된다. 그래서 노인들에게 엑티브 시니어라는 이름을 붙이고 더 오래 일하라고 한다. 그리고 젊은 사람들에게는 빚지게 해서 일을 두 사람 몫, 세 사람 몫을 하게 만드려 한다. 더 부려먹으려는 수작이다. "아직 젊으니깐 열정적으로 일해야 된다.", "N잡러가 요새 트렌드다." 이렇게 말하면서 계속 꼬드기고 있다. 어처구니없다.
　요새 빚 없는 사람이 어디 있냐며 빚내는 게 자연스럽다고 말한다. 그런데 IMF 이전에는 아무에게나 빚을 내주지 않았다. 그런데 지금은 전혀 딴판이나. 빚을 갚을 능력이 아예 없는 청년늘에게 전세자금 대출이니 뭐니 하면서 너무 쉽게 빚내게 했다. 학자금 대출을 해주었다. 이게 뭐냐? 빚쟁이로 지내는 걸 당연하게 만든 것이다. 빚내게 만들고 부려먹고 더 학대하려고 든다. 절대 걸려들지 말아야 한다. 빚지기 시작하면 죽을 때까지 빚을 끊어내기 어렵다. 빚내는 것도 습관이다. 없으면 없는 대로 사는 습관을 들여야 한다.

'빚투'를 권하는 사람들은 2% 이자로 빚내서 수익을 5% 내면 3% 차익이니 빚내는 게 이득이라고 말한다. 그런데, 그렇게 말처럼 빌려서 돈을 더 벌 수 있으면 좋겠지만 현실은 딴판이다. 현실은 내 생각대로 흘러가지 않는다. 내 생각대로 안 되는 경우가 더 많다. 그리고 아무리 싼 이자라고 해도 이자가 붙는다. 처음에는 티가 나지 않지만 가랑비에 옷 젖는 것과 같다. 의식 못 하는 사이에 빚이 쌓인다. 그렇게 빚쟁이가 되고 인생이 망가진다.

"이자가 싸니깐 빚낸다.", "남들도 그렇게 투자한다." 이런 말에 놀아나면 안 된다. 정말 자산을 축적하고 여유롭게 사는 사람들은 헛돈 쓰는 걸 정말 경계한다. 쓰지 않아야 되는 데에는 단돈 100원도 쓰지 않는다. 바닥에 10원이 떨어져 있으면 돈 없는 이는 그냥 지나치고 부자들은 허리를 숙여 줍는다고 했다. 나는 부자는 아니지만 주워야 한다고 생각한다. 10원도 소중히 여기는 이가 100원, 천 원, 만 원도 소중히 여길 수 있다고 믿는다.

빚내어서 주식 투자하고 코인 하는 건 절대로 해서는 안 된다. 빚내서 투자한 이들의 대부분이 결말이 좋지 못하다. 쉽게 생각한 만큼 무서운 처지로 내몰린다. "이번 한 번만이다." 이런 말은 도박꾼들이나 하는 말이다. 빚지고 해서 돈 버는 일은 거의 안 생긴다. 그러므로 빚내어 무얼 할 생각 하지 않아야 한다. 빚내서 냉장고 사고 차 사고 전세 들어가고, 주식투기까지 하면 그냥 빠져나올 길이 없다. 빚내는 게 일상이 되면, 금방 눈덩이처럼 빚이 불어나서 우리네 인생 전체를 집어삼킨다. 그러므로 더 조심해야 된다.

빚 권하는 시대,
뭔가 잘못됐다

빚에 짓눌리면 평생 눈치 보며 살아야 한다. 채권자들이 하는 말을 쉽게 거역하지 못한다. 말도 안 되는 불합리한 것을 요구해도 들어줘야 할지도 모른다. 남들도 빚지고 산다. 이렇게 말한다. 일견 맞는 얘기이기도 하다. 너무 많은 사람들이 빚을 갖고 있어서 당연하게 여기기도 한다. 그러나, 전부 다 빚지고 사는 건 아니다. 대한민국 국민의 10명 중 4명가량은 빚이 있고 4명은 빚이 없다고 한다. 2명 정도는 빚과 자산을 더하기 빼기 하면 제로에 가깝다고 한다. 빚 없는 사람들은 눈치 안 보고 자기 생각대로 살 수 있다.

언제부터인가 빚을 당연시하는데, 그건 국민 10명 중 6명에 해당되는 이야기다. 여전히 4명은 빚 없이 돈 모아서 차 사고 TV 산다. 빚 없이 사는 사람들은 할부로 구매하는 걸 좋아하지 않는다. 빚 없는 이들은 현금으로 사면 더 싸게 살 수 있는 걸 안다. 그들은 지금이 아니어도 나중에 사도 된다는 것도 알고 있다. 기다리면 싸진다는 걸 체득해서 삶의 지혜를 갖고 있다. 좀 더 현명하게 소비하고 저축을 즐긴다. 세상에 돈 모으는 재미만큼 즐거운 게 없다는 걸 그들은 안다.

현금으로 소비를 하면, 돈을 쓰는 느낌이 더 들기 때문에 신중하게 소비를 결정한다. 빚을 내서 소비를 하면 공짜 같은 느낌이 든다. IMF 이후에 신용카드를 남발했다. 수입이 있든 없든, 갚을 능력이 되든 말든 개의치 않고 마구 발행해주었다. 그 뒤 벌어진 일을 우리는 잘 알고 있다. 신용카드 대란으로 신용불량자가 넘쳐났다. 당장 쓸 때는 기분 좋았겠지만, 갚으려고 하니 미치는 거다. 빚은 훨씬 비싸다. 더 큰 대가를 지불해야 한다. 빚은 소비를 무디게 만든다. 무분별한 소비를 조장한다. 스트레스 받았다고 소비하고 열심히 일했다고 소비하는 등, 소비 중독에 빠지게 만든다. 금방 빚쟁이가 되고 삶을 저당 잡히게 만든다.

빚지고 사는 이들치고 회사 일을 마음대로 그만두는 이 없다. 되려 회사에서 묵묵히 참고 견디면서 정년까지 다닌다. 그렇게 다녀야 빚을 감당하며 사는 것이다. 물론 이것도 안정된 직장을 갖고 있는 사람들에게나 해당되는 말이다. 변변찮은 직장을 다니는 이들은 이렇게 하고 싶어도 못 한다. 빚진 이들, 상당수가 부업도 하고 한시도 가만히 있을 틈이 없다. 이자 내야 해서 어쩔 수 없이 악착같이 일해야 한다. 빚 때문에 어쩔 수 없이 허덕이며 과로에 시달리는 이들이 많다.

그래서 빚만 없어도 성공한 인생이라고 말한다. 빚만 없으면 단칸방에 살아도, 옥탑방에 살아도 마음 편히 지낼 수 있다. 먹고 싶은 거 먹고 누리고 싶은 거 형편에 맞게 누리며 살 수 있다. 그러나 빚이 있으면 채권자들이 가만히 놔두지 않는다. 지금 사람들이 빚에 길들여져 너무 생각 없이 산다. 지금도 '빚투'하는 이들, 부동산 갭 투기하는 이들이 상당하다. 이런 것에 엮여 살면 일상생활이 안정될 리 없다. 매일 쫓기며 사는 인생이 되는 것이다. 참 씁쓸한 현실이다.

하루라도 빨리
빚을 갚아야 한다

과연 아르바이트로 3억 5천만 원의 빚을 갚는 게 가능한가라는 생각이 들었다. 그런데 정말 그렇게 빚을 갚은 이가 있다. 이승용 씨의 얘기다. 그는 IMF 이전에 금은방 가게 사장님이었다. 그러나, 욕심부린 탓에 빚쟁이로 전락했다. 그러나 그는 빚을 나 몰라라 하지 않고 묵묵히 일해서 다 갚았다. 무려 10여 년 동안 10가지의 아르바이트를 하며 3억 5천만 원 빚을 갚았다. 그는 죽을힘을 다해 빚을 갚기 위해 노력했다. 목숨을 건 노력 덕분에 10년 만에 빚을 갚을 수 있었다. 그의 목숨 건 노력은 많은 사람들에게 정말 빚지지 않아야 함을 몸소 보여주었다.

3억 5천만 원의 빚을 갚기 위해 정말 초인적인 노력을 발휘했었다. 끝이 안 보이는 터널 같은 인생을 그는 지나왔다. 일본에서 인간 사료를 먹으며 수십 년간 미친 듯이 일만 한다는 얘기를 들은 적이 있는데, 그보다 더 심한 것 같았다. 확실한 건, 빚지면 정말 그렇게 애써야 빚을 갚을 수 있다는 것이다. 아니면 죽을 때까지 빚을 다 못 갚고 자식에게 빚을 물려주게 된다. 그래도 그는 빚을 갚겠다는 마음으로 미친 듯이 일했다. 그래서 채권자들이 그를 기다려 주었던 것이다.

지난 2008년 리만 사태 이후 하우스 푸어가 유행할 당시, 빚의 규모가 1.5억에서 2억이었다. 그런데 지금은 영끌, 빚투로 진 빚의 규모가 5억, 7억이다. 사실상 죽을 때까지 빚을 다 못 갚을 정도의 수준이다. 너무 쉽게 빚을 내었다. 오죽하면 빚이 없으면 중산층이라고 말할 정도다. 지금 청년들은 너무 쉽게 빚을 내고 이러다가 정부가 탕감해줄 것처럼 여긴다. 그런데 절대 그렇게 믿으면 안 된다. 앞으로 남은 인생 모두를 빚 갚는 데 허비해야 될 것이다.

빚을 5억, 7억 지면 정말로 죽을 때까지 일만 해야 한다. 어쩌면 죽기 전에 빚을 다 못 갚을 수도 있다. 『3억 5천만 원의 전쟁』 책 저자처럼 7가지, 10가지 일을 하며 정말 일에 미친 사람처럼 지내야 될 수도 있다. 그렇게 몸을 갈아서 돈으로 바꿔, 이자 내고 원금 갚아야 한다. 자신의 건강을 희생해서 돈으로 바꾸는 것이다. 여차하면 자신의 가족에게 그 빚이 넘어간다. 빚지면 자기만 문제 되는 게 아니라, 가족, 친지 모두 빚의 굴레로 끌어들이는 것이다. 그래서 더 무서운 일이다.

정말 빚지지 않겠다고 각오해야 하고, 빚을 졌다면 최대한 빨리 갚아야 한다. 하루라도 빨리 갚아야 어떻게든 눈치 안 보고 살 수 있다. 그래야 자유인으로 살 수 있다. 빚만큼 무서운 게 없다. 과거에도 빚지게 만들고 노예로 전락시켰다. 욕심을 부추기고 돈 빌려주고 더 갖겠다고 설치게 만들고, 나중에는 알거지 되게 해서 노예 삼아서 잡아먹었다. 지금도 마찬가지다. 빚지면 그냥 노예가 된다. 함부로 빚지고 자산을 갖겠다는 착각을 하면 큰일난다. 함부로 쉽게 돈 벌고, 쉽게 가지려고 들다가는 빚쟁이로 평생 산다는 걸 절대 잊으면 안 된다.

빚이 없으면
뭐든 자유롭다

　빚이 없으면 여유롭다. 옥탑방에 살아도 빚이 없으면 내가 먹고 싶을 때 먹고 쉬고 싶을 때 쉴 수 있다. 내 돈 내고 먹는 밥만큼 마음을 편하게 해주는 게 없다. 내 돈으로 마시는 커피가 제일 좋다. 내 돈 내고 내가 먹으니 남 눈치 볼 일이 없다. 남들이 호텔 뷔페에서 30만 원짜리 밥 먹어도 개의치 않는다. 내 돈으로 7천 원짜리 비빔밥 먹어도 눈치 안 보고 내가 먹고 싶을 때 먹으면 그게 최고다. 그저, 내 분수에 맞게 싼 먹거리 먹으면서 마음 편히 지내면 그게 최고다.

　지금 정부나 사회가 빚지라고 하는 이유는 나이 들어서도 일하게 만들려는 것이다. 왜 이웃나라 일본에서 노인들이 은퇴하지 못하고 노동 시장에 뛰어들겠는가. 돈이 없어서다. 할머니도 일하고 할아버지도 일하고 엄마도, 오빠도 동생도 모두 일한다. 그렇게 일가족 모두가 일해야 겨우 먹고 살 수 있는 시대가 된 것이다. 그래도 빚이라도 없으면 다행인데, 먹고 산다고 이래저래 빚지면 더욱 답이 없다. 게다가 주된 직장에서 오래 근무하지 못하고, 생활비가 바닥나면 또, 빚지고, 또 그 빚의 이자에 짓눌려서 하기 싫어도 일하고 은퇴하고 싶어도 못 하는 것이다.

빚진 인생이라서 일을 그만둘 수 없다. 자신을 고용하는 고용주의 말에 고개 숙일 수밖에 없다. 삶이 움츠러든다. 가족들 모두가 어떻게 사는지 관심도 못 갖는다. 시간만 나면 일해야 되고, 이자 내느라 바쁘기 때문이다. 대한민국에서 빚지지만 않으면 노년에 꼭 일해야 될 필요 없다. 일하지 않아도 된다. 60대 넘어가면 서서히 신체가 예전 같지 않은 게 당연하다. 젊을 때와 같을 수 없다. '엑티브 시니어' 등으로 이야기하면서 노년에도 왕성하게 활동해야 된다고 말하지만, 현실은 빚져서 노년 노동에 시달리는 것이다.

빚지고 돈 없어서 삶이 더 움츠러든다. 빚 갚으라고 독촉 전화 받으면 삶이 더 위축된다. 누가 나에게 들이닥쳐서 혼낼 거 같고 사람들 앞에서 창피를 줄 거 같다. 그래서 겁을 낸다. 걱정된다. 빚을 못 갚아서 내 월급이 압류되면 어떡하나 하는 걱정도 한다. 이래저래 여러 생각에 신경이 쓰인다. 빚쟁이가 자신감 넘치게 일하는 법은 없다. 항상 눈치를 보게 된다. 그래서 조금이라도 빚지는 걸 정말 경계해야 한다. 알레르기 반응을 보일 정도로 예민해야 한다.

빚지지만 않아도 눈치 안 보고 자기 삶을 주도할 수 있다. 빚이 없으면 형편 안에서 자기 모습을 그려나갈 수 있다. 없으면 없는 대로, 안 하면 안 하겠다는 각오로 살아야 한다. 빚을 극도로 꺼려야 한다. 빚을 겁내고 빚낼 생각을 1도 하지 않아야 한다. 그래야 자기 삶을 보호하고 가족을 지킬 수 있다. 빚지면, 자유인으로 살지 못한다. 파이어족은 못 되어도 노년에 중노동하지는 않아야 되지 않겠는가.

보수적으로
살아야 한다

　나이가 들수록 보수적으로 변한다. 현상 유지하려 애쓰고 모험을 꺼린다. 당연한 모습이다. 이게 진화의 결과물이라고 생각한다. 나이 들었는데도 젊었을 때처럼 도전하고 일을 벌이면, 노년에 불행해지기 십상이다. 몸은 예전 같지 않은데 과거처럼 움직이면 그냥 몸이 탈 난다. 마찬가지로 우리가 어떤 일에 대응할 때도 그래야 한다. 좀 더 신중해야 하고 천천히 결정해야 한다. 보수적이라는 의미가 다소 꼰대 같고 퇴보하는 느낌의 용어라고 요즘 사람들이 인식하기도 한다. 그러나, 절대 그렇지 않다. 가진 것을 지키고 유지해나가는 게 절대 쉬운 일이 아니다.

　유혹이 판치는 현대 사회에서 남들에게 휘둘리지 않고 자기만의 중심을 잡고 사는 게 정말 어렵다. 눈만 뜨면 문자 메시지, 카톡 메시지로 '리딩 방'에 참여하라고 하고, 좋은 땅, 부동산이 있다며 권유한다. 코인 투자하면 1, 2년에 금세 수억 원을 벌 수 있다고 말한다. 이런 말에 잠깐 정신이 팔리면 가진 것을 다 빼앗기게 된다. 그런 일이 비일비재하게 발생하는 곳이 한국이다. 23년 8월 에코프로의 몇만 원짜리가 150만 원까지 올랐다고 한다. 대주주들은 다 팔았는데도 개미들이 계속 떠받들고 있다. 제정신이 아니다. 금세 거품이 꺼지고 많은 개미들이 아비규환의 비명을 지를 것이다.

항상 조금이라도 이상하다 싶으면 곧바로 '손절'하고 아예 관심을 거둬야 한다. 그래야 안전해질 수 있다. 평소에 냉철하고 차분히 판단할 줄 아는 사람도 궁지에 몰리면, 말도 안 되는 것에 자신의 재산을 걸기도 한다. 단번에 만회하려는 마음이 더 조급하게 만들고 사기 당하게 만드는 것이다. 조금이라도 높은 수익률을 보장한다고 말하면 의심해야 한다. 좋은 것은 자기가 가지려 하지, 상대방에게 권하지 않는다. 이게 당연한 이치다.

아무런 이유 없이 내게 잘해주는 사람은 없다. 그런 사람은 사기꾼이라고 생각하는 게 속 편하다. 그런 사람은 부모 외에는 없다. 어쩌면 부모도 자식을 등쳐먹는 게 요즘 세상이다. 그게 기본값이라고 생각하는 게 낫다. 내가 가만히 있는데 좋은 투자라며 권하는 건, 그냥 가짜다. 사기다. 그렇게 안 믿고 의심하고 직접 확인하는 모습을 갖춰야 당하지 않는다. 최대한 보수적으로 생각하고 신중하게 행동해야 한다. 함부로 움직이면 안 된다.

자본주의 사회, 한국에서 사기 당하지 않으면 중산층으로 살 수 있다. 게다가 건강까지 꾸준히 관리하여 유지된다면 무얼 하며 살아도 살 수 있다. 욕심 버리고, 빚 안 지고만 살아도 중산층이다. 내 평생 빚은 나와 상관없는 것이다라고 생각하고 지내는 게 가장 좋다. 남들이 빚을 지고 무얼 하든 말든 신경 안 쓴다. 빚지면 죽는다고 생각하는 게 제일 좋다. 남들은 중산층으로 사는 게 매우 쉬운 것처럼 말한다. 그런데, 절대 그렇지 않다. 중간만 가는 것도 한국 사회에서는 정말 어려운 일이다.

은행에 빚지지 말고
은행에 돈 빌려줘라

　은행에 돈을 빌려주는 사람은 은행에 가면 VIP 대접을 받는다. 그런데 돈을 빌린 사람은 괜히 은행 창구에 가면 신경이 쓰인다. 위축된다. 대출 받으려는 금액만큼 대출 못 받으면 어떻게 하지? 대출 상환하라고 말하면 어떻게 하지? 대출 금리 올리면 어떻게 하지? 이런저런 걱정을 한다. 당연한 모습이다. 은행은 돈 빌리려는 사람에게는 갑이고, 돈을 빌려주는 사람에게는 을이다.

　은행을 돈 빌리는 곳으로 생각하는 사람이 많다. 그런 이들은 항상 은행에 가면 굽신굽신거린다. 자신감이 떨어진다. 대출 상환 능력이 충분한 사람이라는 인식을 보여주기 위해 좀 더 깔끔한 복장을 하고 간다. 은행에 자신을 잘 보이려고 애쓴다. 그런데 은행에 큰돈을 맡겨둔 이들은 복장 따위에 신경 쓰지 않는다. 그래도 은행 창구 청원 경찰이나 은행 직원들이 알아보고 곧바로 지점장실로 모신다. 그게 세상 이치다.

　금융권이 왜 나를 이렇게 천대하지? 이런 생각을 할 수 있다. 그건, 은행이 나에게 아쉬운 게 없어서다. 그런데 내가 은행에 거액을 맡긴 VIP라고 하면, 은행 지점장이 알아서 없던 사은품도 챙겨서 갖다주고 은행 직원들이 나와서 인사도 90도로 한다. 자기들 돈 벌게 해주는 사람이기 때문이다. 그러므로 은행에서 돈 빌리지 말고 은행에 돈을 빌려주는 채권자가 되어야 한다. 그래야 은행에게 대접받으며 지낼 수 있다.

은행의 장기채권을 갖고 오래오래 채권 이자를 받는 게 최고다. 특히나 고금리 시대에는 은행 채권만큼 좋은 게 없다. 은행도 돈이 필요하다. 그리고 은행은 빌려서 높은 이자를 붙여서 대출자들에게서 돈을 번다. 그런 은행에 돈을 빌려주는 채권자가 되는 건 정말 현명한 모습이다. 그리고, 금융 지주사의 주식 주가가 떨어지면 싼값에 사두는 것도 좋다. 그리하면 나중에 고배당으로 은행이 보답해 줄 것이다. 물론, 아무거나 사는 건 위험할 수 있다. 이왕이면 주요 5대 은행의 주식이나 채권이 좋겠다.

은행에게 돈을 빌려주고 이자나 배당 받는 이들은 빚진 사람보다 몇 갑절 여유롭게 산다. 그게 자본주의 사회에서 벌어지는 일들이다. 그러므로 은행을 잘 이용해야 한다. 은행에 돈 빌려주고, 은행을 잘 활용해야 한다. 은행을 통해 돈을 더 벌어들일 궁리를 하는 게 좋겠다. 은행은 돈이 필요 없으면 더 가져가 쓰라고 하고, 필요할 때는 거절하는 곳이기도 하다. 대출자들, 빚쟁이에게는 은행의 문턱이 높지만, 은행에 돈 빌려준 이들에게 은행은 자기 집 안방보다 더 편한 곳이다. 이게 자본주의 사회의 실제 모습이다.

한국에서는
빚만 없어도 중산층이다

　한국의 가계 빚이 세계 1위다. 300만 명이 거의 신용불량자 수준으로 전락했고, 600만 명이 빚 때문에 허덕이며 산다. 앞으로 이 숫자도 더 늘어날 수도 있다. 추심도 세계 1위이고, 통장 압류 등 각종 압류도 1위다. 너무 많은 이들이 빚에 짓눌려 살고 있다. 그로 인한 각종 사건 사고도 많다. 빚 때문에 가정 파탄, 자살률도 1위다. 빚 독촉에 시달리는 이들이 너무 많다. 수원 세 모녀 자살사건, 신촌 모녀 자살 사건 등도 이 때문일 수 있다는 얘기가 나올 정도다. 지난 10여 년 동안 무차별적으로 대출을 해주었다. 문재인 정부 때에 대출 상환 능력이 없는 청년들에게 대출을 무분별하게 해준 탓에 현재 20세 이하의 청년들 주택담보 대출의 20%가 연체라고 한다. 도대체 갚을 능력도 안 되는 이들에게 왜 빌려준 것일까? 그냥, 빚쟁이로 전락시켜서 더욱 험하고 더러운 일을 마다하지 못하게 만들려는 수작이 아니었을까라고 의심할 정도다. 지금의 정부 아래에서도 대출을 풀어줘서 더욱 가계 대출이 늘어나고 있다.

　IMF 이전 즉 1999년 이전까지만 해도, 보통 사람들은 빚이 거의 없었다. 금융권에서 빌려주지도 않았고 사람들이 빚내서 무엇을 한다는 인식 자체가 없었다. 고정 수입이 없으면 신용카드 발급도 못 받았다. 그래서 웬만한 이들은 빚낼 수 있는 여건이 못 되었다. 그래서 되려 가계 부채가 거의 없었다. 그러나, 지금은 너무 빚내기가 쉬운 시대가 되었다. 빚내기가 쉬운 만큼 언제든 빚쟁이로 전락해서 인생을 극단적으로 몰고 가는 이들도 늘어났다. 300만 명이 빚 갚느라 정상적인 생활을 못 할 정도다.

코로나 팬데믹 이후, 부동산, 주식 등 자산 시장으로 빚내어 뛰어든 이가 너무 많다. 그러면서 일상생활은 거품에 취해서 엉망이 된 것 같다. 이제는 사람들이 감당하지 못할 수준으로 빚이 늘어나 있다. 오죽하면 빚 없으면 중산층이라는 말이 나돌겠는가. 이제는 각종 사람들의 경제 관련 정보가 데이터로 축적되어, 조금만 빚져도 더 높은 이자와 상환 요구를 받게 된다. 한 번 대출 받으면 그 기록이 평생을 따라다니게 된다.

지금은 비대면 모바일 대출로 더 젊은 청년들에게 다가간다. 그렇게 쉽게 빚지게 만들고 삶을 송두리째 통제한다. 이 얼마나 무서운 이야기인가? 소비를 조장하고, 자신을 과시하고 드러내게 만든다. 그렇게 우아하게 멋있게 살 수 있을 것처럼 착각하게 만든 뒤, 다 빼앗아간다. 평생 부려먹고 이용해먹을 자신들의 노예로 전락시킨다. 그러므로 정말 빚내는 걸 조심하며 살아야 한다. 빚 없이만 살아도 중산층 이상의 삶을 살 수 있다. 절대 농담이 아님을 잊지 말아야겠다.

현금자산 1억,
빚 1억의 차이

　현금 1억, 빚 1억, 연봉 1억에 대해 얘기해보고 싶다. 현금 1억을 우리가 흔히 얘기할 때 적은 돈이라고 말한다. 현금 1억으로 아파트 한 채도 못 살 적은 돈이라고 말하는 이들이 많다. 그런데 그렇게 말하는 이들치고 1억을 모아본 기억이 없다. 그저, 언론에서, TV에서 10억도 적다고 말하니, 우습게 생각한다. 10억으로 서울에 있는 아파트도 못 산다고 말한다. 로또 당첨되어도 서울에 아파트 한 채 사고 나면 땡이라고 말한다.

　그런데, 현금 1억은 정말 큰돈이다. 현금 1억이 있으면, 그 1억이 현금흐름을 만들어서 우리에게 가져다준다. 고배당주, 한국 쉘석유를 사 놓으면 7.5% 이상의 배당금을 준다. 1년에 750만 원을 만들어서 준다. 한 달에 62만 원 꼴이다. 가만히 있어도 한 달에 62만 원을 주니, 얼마나 고마운가? 배당주식이 주가 손실로 우려스럽다고 하면, 예금에 넣어도 된다. 예금 이자 3%면, 1년에 300만 원, 한 달에 25만 원이 생기게 해준다.

　만약 현금 1억을 갖고 있는 게 아니라, 빚 1억이라면, 상황은 완전 달라진다. 1억의 빚에 대해 이자가 요즘 6%쯤 된다. 1년에 이자가 600만 원이다. 매월 50만 원씩을 내놔야 한다. 원금까지 같이 갚아야 하면 정말 머리 아파진다. 대출 1억을 이자율 6%, 상환 기간 10년으로 하면, 매월 111만 원을 갚아야 한다. 무려 120개월이다. 1억을 빌리고, 1억 3320만 원을 갚는다. 10년 동안 무려 3,320만 원을 더 내놓아야 하는 것이다. 연체 없이 10년을, 120번을 갚아야 한다. 상환에 대한 부담이 엄청날 것이다.

빚 1억을 갚다가 연체라도 하게 되면 연체로 가산 금리가 붙는다. 가산금리가 5% 더 붙게 되면, 대출 이자가 순식간에 수십만 원이 늘어나게 된다. 게다가 연체를 몇 차례 하게 되면, 급여 혹은 갖고 있는 다른 자산에 대한 압류가 들어오게 된다. 순식간에 신용등급이 하락하게 되고, 제1금융권에서 대출이 어려워질 수도 있다. 대출이자율도 5%, 6%가 아니라, 순식간에 10%, 12%, 15%로 큰 부담을 감당해야 될 수도 있다.

고작 1억이라고 말하는 사람들이 1억 대출을 갖게 되면, 점점 더 대출금액이 늘어날 가능성이 크다. 정신 차리고 보면, 돌려막기 하다가 더 이상 대출이 나오지 않아서, 카드론 쓰고 리볼빙 쓰다가 궁지에 몰려 있는 자신을 목격하게 된다. 사실상 끝나는 것이다. 점점 상황이 안 좋아지다가 거의 끝에 가서, 카드 대출을 쓰게 된다. 최근에는 개인사업자 대출로 빚내서 생활비 사용하는 이들도 많다고 한다. 꼼수 대출이고, 결국에는 파멸을 겪게 된다. 빚 1억을 우습게 본 이들은 절대로 현금 1억을 가질 가능성이 없다. 너무 세상을 우습게 본 탓에 빚지고 망하게 된다.

억대 연봉, 연봉 1억 이상도
빚 있으면 허덕인다

　직장인으로 지내면서 억대 연봉을 받으려면 최소 20년 이상 직장 생활을 하고, 정말 직장에 충성을 다해야 한다. 가만히 있는데 억대 연봉을 주는 회사는 없다. 휴일, 저녁 시간 구분 없이 정말 열심히 해야 그만한 돈을 연봉으로 줄 것이다. 워낙 언론에서 억억거리니깐 억대 연봉을 아무나 받는 것처럼 말하는 이들도 있다. 헌데 말도 안 되는 소리다. 평범한 직장인이라면 정말 피 토하는 심정으로 몰입하고 미친 듯이 일해도 못 받을 가능성이 훨씬 더 많다.

　연봉 1억을 받는 사람은 2023년 기준 근로소득 상위 6%에 속한다. 근로소득자 2천만 명이라고 하면, 120만 명이다. 2022년에는 연 소득 1억 이상이 119만 명으로 전체 소득자의 5%였다고 한다. 조금씩 늘고 있는 것 같다. 참고로 연봉 1억은 월 실수령액이 650만 원 전후이다. 그리고, 연봉 2억인 사람은 상위 0.6~0.7%에 해당된다. 근로소득자 중에서 10만 명도 안 된다. 월 실수령액은 1,100만 원에서 1,150만 원 사이로 나온다. 억대 연봉인 사람들, 1.6억 연봉의 경우 월 950만 원 전후로 받는다. 1.8억 연봉은 1,050만 원 정도, 1.5억은 850~860만 원, 1.2억은 750~760만 원이다.

이렇게 억대 연봉인 이들은 매우 풍족하게 살 것 같지만, 속내를 들여다보면, 또 다르다. 연봉 2억, 실수령액 1100만 원 이상 받는데, 아이들 2명을 외국에 유학 보내서 인당 250만 원 이상 들어간다 그러면, 순식간에 월에 500만 원이 사라진다. 그리고, 연봉 2억인 이가 사회 생활하며 골프 쳐야 하고 자신들이 만나는 사람들과 어울리려면, 호텔이든 한정식집이든 좀 수준 있는 곳에서 식사해야 하고, 술도 좀 분위기 있는 데서 마시는 게 통상적이다. 그러다 보면, 무려 연봉 2억도 매달 남는 게 없이 허덕일 수 있다는 것이다.

게다가 연봉이 높다고, 무리하게 주택담보 대출을 10억 이상 받게 되면, 그야말로, 답이 없다. 맞벌이로 억대 연봉을 받아서 둘이서 2억, 3억을 벌어도, 실수령액 1100만 원에서 1700만 원을 벌어도, 허덕이는 일이 생긴다. 고액 연봉일수록 다주택 다중 채무자가 많다. 고가 아파트를 3채, 4채 갖고 있어서 명목 자산은 수십억이라는데, 매달 카드로 돌려막기하고, 씀씀이는 커서 마이너스 통장에 몇억 빚이 있는 경우도 적지 않다고 한다.

2022년 기준, 직장인 중위소득은 월 287만 원, 연봉으로 치면 3,454만 원이다. 이런 보통이 사람들이 볼 때는 꿈 같은 얘기이고 말도 안 되는 소리라고 할 수 있다. 그러나, 사람들은 대체로 자신이 버는 돈 범위 안에서 최대한 쓰려는 경향이 있는 듯하다. 연봉 1억, 2억 받는 사람들도 처음 몇 달은 연봉 올라서 생활이 엄청 여유로워질 것처럼 생각하지만 금새 그 연봉, 그 실수령액에 익숙해지고 그에 맞춰 생활하게 된다. 정말 수입이 늘어난 만큼 저축을 늘리려면, 정신 바짝 차리고 신경 써야 가능하다.

카드대출, 카드론, 리볼빙 쓰면
거의 끝에 내몰린 것이다

생각보다 카드 연체되는 사람들이 많다. 지금은 5060들의 대출액이 엄청나다. 50대 개인사업자는 366조, 60대 이상은 대출이 370조다. 사실상 못 갚는다고 봐도 무방하다. 50, 60대 자영업자들의 대출이 700조가 넘는다는 것은, 그 5060대들의 가족까지 합하며 얼마나 많을까 싶다. 5060대 개인사업자 중 다중채무자는 96만 명이다. 거의 100만 명이다. 3인 가족으로만 쳐도 300만 명이 카드론, 리볼빙 대출에 노출되어 있다고 보면 맞다.

대출 연체한 개인 및 자영업자 614만 명이 못 갚은 돈이 50조다. 이들은 은행 대출 카드론 등을 연체한 상태다. 은행 등 대출, 카드론, 현금서비스, 신용카드 거래대금 등에서 연체가 된 것이다. 서민들의 급전으로 사용되는 카드론도 대출 잔액이 42조를 넘기고 있다. 연체 기록이 있는 사람 모두가 인생의 끝자락에 있다고 봐도 무방할 것이다. 소액 생계비 대출로 최대 100만 원까지 빌려준 것도 연체하는 이들이 있다고 하니, 놀랄 일이다.

이러한 대출의 막바지에 내몰린 이들이 결정할 수 있는 선택지는 뻔하다. 매우 우려스러운 일만 남아 있다. 참 서글프고 놀라운 일이지만, 평범한 사람에게는 일어나지 않을 일들이 벌어진다. 크리스마스 이브에 일가족들이 나쁜 선택을 한 일도 있었다. 경제난 등으로 난관에 봉착한 가정에 벌어진 것이다. 참 무서운 일이다. 사업 실패로 빚졌는데 감당하기 힘들다는 내용의 글이 발견되었다고 한다. 이 엄청난 일들이 비일비재하게 발생된다.

사업을 하다 도산하고, 희망이 없어 한 방에 재기를 노리려다 선물 투자를 했다고 한다. 수억 원대의 빚을 지고 감당 못 할 지경까지 갔다는 것이다. 왜 그렇게 무모하게 인생을 모험 거는 것일까? 생활고에 시달린다고 자신의 자녀들까지 그렇게 선택을 강요할 권리는 없다. 생사여탈권을 가진 게 아닌데, 그렇게 삶을 박탈하는 나쁜 어른들을 보면 화가 난다. 부모의 경제적 문제, 양육 능력 상실 등을 이유로 자녀들과 같이 나쁜 선택을 하는 정말 미친 사례가 반복되고 있다. 아무리 세상이 엉망이라 해도 이건 잘못된 것이다.

극단적인 나쁜 선택이다. 정말 궁지에 몰린다고 해서, 그래서는 안 될 것이다. 그리고, 아무리 힘들고 어려운 처지에 놓인다 해도, 생즉사의 심정으로 현실을 내다보면 분명 살아낼 길이 있다. 그리고, 마음 독하게 먹으면 나아질 수 있다. 그래도 정말 안 되겠다고 생각들면 동네 동사무소를 찾아가든, 종교단체를 찾아가든 어디든 찾아보자. 계속 두드리고 요청하고 또 부탁하면 나아질 가능성이 1이라도 생길 수 있다. 그러니 절대로 절대로 포기하지 말자.

제7장

부업이라도 해야 하나

부업의
의미

우리는 부업 전성시대에 산다. 본업으로 벌어들이는 돈으로는 먹고사는 게 부족하다. 모자라다고 말한다. 그래서 몸을 좀 더 움직여서 돈을 더 벌려고 애쓴다. 'N 잡러'라는 말이 자연스러운 용어가 되었다. 요새는 하나의 일로 사는 사람들은 왠지 불성실하게 느껴진다. 최소한 2가지, 3가지 일을 하며 지내야, 그럭저럭 사는 것처럼 느껴진다. 시간은 남는데 돈은 더 필요하다고 여기는 사람들이 부업을 고려한다. 그리고 요새는 영끌 등으로 빚을 갚아야 하는 처지여서 어쩔 수 없이 부업하는 이들도 늘고 있다.

본업이 아닌 부업은 이왕이면 자신이 하고 싶은 일로 선택하면 좋겠지만, 현실은 딴판이다. 부업을 하는 직접적인 목적은 돈을 더 벌기 위함이다. 그래서, 자기가 하고 싶은 일보다 돈이 되는 일을 선택하는 게 일반적이다. 자기 재능을 활용해서 부업을 해서 돈을 벌면 좋겠지만 그럴 수 있는 사람은 소수다. 대체로 자기 몸을 써서 바쁘게 움직여야 부업으로 수입을 가져갈 수 있다. 남들이 흔히 말하는 것처럼 쉽게 돈 버는 부업은 거의 없다. 그러므로 내가 어떤 부업을 할지도 고민해야 되겠다.

 음식 배달 일, 물류센터 일, 택배 배송 일, 대리운전 등이 대체로 하루 단위의 일당이나 건당 수익으로 돈을 버는 일반적인 부업이다. 책을 출간해서 인세를 받거나 유튜브 영상을 촬영해서 광고비 수익을 얻는 것은 정말 돈이 안 되어서 쉽게 생각하지 않는 게 좋다. 이런 쪽에 뛰어들어 돈벌 수 있다고 말하는 이들의 말은 잘 가려서 들어야 되겠다. 이러한 일은 최소 1, 2년 이상 꾸준히 해야 돈을 벌 수 있다. 곧바로 일당이든 건당이든 돈으로 벌려고 하면 몸 쓰는 일이 대체로 적합하다.

 요새는 주말이나 낮에 바쁜 시간대에만 집중적으로 일할 아르바이트생을 구하는 곳도 많다. 그러나, 시급이 센 만큼 업무 강도는 엄청나다. 그러한 것들을 잘 감안하고 뛰어들어야 할 것이다. 짧은 시간에 일해야 하는 일은 생각보다 많이 빡세다. 정신 바짝 차리고 해야 될 정도다. 그리고 심야에 하는 일은 우리의 긴강을 갉아서 하는 일인 경우도 많으니 잘 따져 봐야 한다. 이것저것 따지다 보면 돈을 언제 버냐고 말할 수도 있다. 그래도 건강이 먼저이니 말이다.

 부업이 꼭 필요한 시대라고 하는데, 그 부업을 잘하기 위해서는 정말 건강 먼저 챙겨야 한다. 체력이 되어야 하고, 또, 먹는 것도 잘 챙겨 먹어야 한다. 그래야 부업도 제대로 할 수 있다. 어설프게 했다가는 병원비가 더 들어가는 불상사가 생긴다. 그러니 유의 또 유의해야 한다. 부업이라고 절대 쉬운 게 아니다. 만만하게 생각해서는 안 된다. 시간을 들이고 공을 들여야 한다. 그래야 원하는 목적인 돈을 제대로 벌 수 있을 것이다.

어떤 부업이
가능할까

한국만큼 배달이 활성화된 곳이 없다. 도보 배달, 자전거, 오토바이 배달 등 다양한 방식으로 배달을 시험 삼아 해 보라고 배달 플랫폼들이 홍보한다. 그래서인지, 요즘은 배달을 부업으로 일하는 이들이 늘고 있다. 배우 활동과 학생 가르치는 일을 하면서도 배달 일을 한다. 직장인들이 퇴근하고 난 뒤에도 배달 알바를 할 수 있다고 광고한다. 물론, 너도나도 언제든 스마트 폰에 앱을 설치하고 콜을 받으면 바로 부업이 가능하다. 그러나 예전에 비해 배달도 경쟁이 치열해지고 있다. 쉽게 돈 벌 수 있는 곳이 아니라는 거다.

지금의 시대에는 마음만 먹고 시간만 할애하면 부업이 가능해졌다. 부업할 기회가 넘쳐나지만, 그렇다고 돈을 아주 많이 벌 수 있는 것은 아니다. 그래서 투잡을 넘어서 쓰리잡하며 사는 이들도 늘어나고 있다. 안 그러면 먹고 살기 힘들다고 한다. 회사에서 일하고 받는 월급만으로 생활하기 버거워 투잡, 쓰리잡을 한다. 퇴근하고 난 뒤 대리운전에 나서고, 주말에 물류센터에 가서 땀 흘리고 일한다. 어떤 이들은 주된 직장에서 퇴근하고 난 뒤 두 번째 회사로 출근하기도 한다.

낮에도 일하고 저녁에도 일하고 새벽에도 일한다. 한 가지 일로 생활비를 충당할 만큼 충분히 돈을 번다면 부업을 생각 안 해도 되겠지만 그렇지 못한 이들이 많아서 점점 더 부업을 필수로 고려하게 된다. 투잡해서 살림이 좀 나아졌다고 얘기하는 게 아니라, 지금 당장 생계가 빡빡해서 어쩔 수 없이 부업을 한다. 이런 상황이 너무 자연스러워지는 거 같다. 경제적으로 곤경에 처하는 이들이 늘어나는 탓이다.

처음 부업을 하면서, 능수능란하게 부업을 잘하기는 어렵다. 당장 체력에 부담이 되고, 시간 부족에 허덕일 수 있다. 그러므로 처음에는 시간을 덜 들이고 적응하는 시간이 필요하다. 그리고 자신에게 맞는 일인지, 아닌지도 잘 파악할 필요가 있다. 체력이 안 되는데, 돈이 좀 될 거 같다고 덜컥 뛰어들었다가 다치기라도 하면 병원비가 더 들어간다. 차근차근 부업을 하는 데에 적응하는 게 필요하다.

정말 흔하지는 않지만 자기만의 재능이 있다면 그 재능을 활용한 부업도 고려해보는 게 좋다. 포토샵을 잘하면 사진 보정이나 온라인 유통에서 상품 상세설명 제작하는 일을 대행해주는 것도 부업이 될 수 있다. 요새는 취업 준비생들이 많아서 취업 준비하는 요령, 면접 요령, 자기소개서 쓰는 요령 등을 첨삭해주는 일도 있다. 업무 관련한 인터뷰도 시간당 부업으로 하는 경우도 있다. 찾아보면 부업으로 할 것들이 있는 것 같다. 자신의 업무 역량을 이용해서 할 수 있는 일이면 좀 더 힘을 덜 들일 수 있을 것 같다.

부업 사기도 있다

유튜브를 켜면 쉽게 부업으로 본업보다 더 벌 수 있다고 말하는 영상이 너무 많다. 그런 것에 넘어가면 큰일 난다. 매일 하루 2시간가량 하고 한 달에 100만 원 번다고 말한다. 그런 일이 어디에 있나? 없다. 정말 단언하건대, 가짜다. 그런 것에 혹해서 연락해서 엮이는 순간 인생 거덜 난다. 그러니 조심 또 조심해야 한다. 쉽게, 편하게 누릴 수 있는 거는 없다. 그리 보는 게 맞다. 쉽게 돈 벌 수 있으면 부업만 하며 살지 왜 본업을 하겠는가.

요새는 보이스피싱, 현금 인출 담당으로 간단한 부업이라며 소개하는 곳도 많다. 간단한 심부름 해주면 일당 10만 원, 20만 원 준다고 하는데, 하는 일에 비해 알바비가 너무 많다면 의심해 봐야 한다. 그런 일은 모르고 했다고 해도, 법적 처벌을 받게 될 수도 있다. 마약 배달 일도 있고, 나도 모르는 사이에 불법에 가담되는 일이 너무 많아서 항상 신중해야 하고 의심해야 한다. 부업으로 돈 벌겠다고 하다가 범죄자가 되면 안 된다.

가입비 요구하고, 통장 맡기라고 하고, 비대면으로 대출받아서 물건 사라고 하고, 고수익 보장해준다. 이런 얘기도 나오면 곧바로 손절하는 게 낫다. 조금이라도 이상하다 싶으면 하지 않아야 한다. 수월하고 편한 일이 나에게 오는 일은 없다. 그런 일은 99% 사기다. 그럴싸하게 말하고 돈 벌게 해준다는 사기꾼들이 판치는 세상이다. 그들이 그렇게 활개치는 이유는 처벌 수위가 낮기 때문이다. 피해자들이 일정 부분 동의해서 진행한 거라며 발뺌한다. 그들에게 주먹은 가깝고 법은 멀리 있다.

피해자가 피해 보상을 위해 고소, 소송 등을 진행하려면 시간도 오래 걸리고 돈도 들어서 쉽게 포기한다. 법적 소송을 하려면 시간도 최소 5~6개월 이상에서 수년이 걸릴 수도 있고, 변호사를 선임해야 되면 몇백만 원, 몇천만 원 돈 드는 일도 발생한다. 그래서 대부분 소송 걸지도 못한다. 수십만 원, 수백만 원 되돌려받으려고 형사 고소를 진행하기 어려워하는 걸 이용해서 뻔뻔하게 뒤통수친다. 처음부터 그럴 의도가 아니었는데 하다 보니 그렇게 손실이 난 거라며 빠져나가려 한다. 이래저래 가짜, 양아치들이 판치는 세상이라서 더 조심하는 수밖에 없다.

쉽게 돈을 벌 수 있는 일 중에서 정상인 게 있을까 싶다. 법에 저촉되거나 문제가 될 소지가 다분한 게 대부분이다. 왜 이렇게 일당이 너무 적을까라고 생각하는 게 일반적이다. 그게 당연한 것이다. 적은 돈으로 엄청 부려 먹으려는 게 보통이다. 그게 정상이라고 생각해야 한다. 쉬운 일인데, 우연히 나에게 들어온 고액 알바라고 하면 거의 다 사기이거나 불법이라고 보면 맞다. 혹은, 쉽게 돈을 벌 수 있다는 말에, 남들에게 이용 당하고 되려 돈을 뜯기는 경우도 많다. 정말 조심해야 한다.

쉽게 돈 버는 일 없다

쉬운 일은 정말 없다고 생각해야 한다. 쉽게 돈 버는 일은 믿지 않아야 한다. 정말 쉽고 편하게 돈 버는 일이 있으면, 자기 가족들끼리 조용히 권하고 일하지 남에게 알리지 않을 것이다. 만약 나에게 알려준다면 쉬운 일이 아니거나, 돈이 더 들어가는 일일 수 있다. 안심하고 할 수 있는 일이 아닐 가능성이 크다. 절대로 쉽게 돈 버는 일을 바라면 안 된다. 쉽고 편하게 돈 버는 일이라고 알려주는 이는 천사가 아니라 악마다.

요새 유튜브에서 너무 쉽게, 편하게 잠깐 일하면서도 웬만한 직장인의 월급만큼 가져갈 수 있다고 홍보한다. 말 그대로 홍보다. 그런데, 그런 일이 사기나 범죄에 연루된 일일 수도 있으므로, 유의해야 한다. 지금 너무도 많은 사람들이 알바 자리도 못 구해서 난리다. 그런데 내가 우연히 들었는데, 일하기 편하고 돈도 수월하게 벌 수 있다고? 거짓말이다. 아예 그런 말은 안 듣는 게 낫다. 그런 말 하는 사람은 멀리해야 한다.

행여라도 정말로 쉽게 돈 버는 일을 경험하게 되면, 그게 위험하다. 쉽게 돈 버는 것에 버릇이 들면, 아주 지루하고 뻔한 일을 할 수 없게 된다. 부업인데 본업보다 돈을 더 번다는 말은 사기라고 보면 맞다. 그런 일에 엮이면 불행이 시작될 수 있다. 쉽게 돈을 벌면, 다음에도 쉽게 돈 벌거나 더 큰 돈을 바라게 된다. 그럴 때, 사기당하거나 큰 화를 입게 되는 것이다. 처음에는 쉽게 하는 부업에 신뢰를 갖게 하려고 돈을 잘 준다. 그러다가 어느 정도 믿는다 싶으면 그때 뒤통수친다. 수백만 원 떼먹는 거다.

증권사나 은행에서 가입만 했는데도 2만 원, 5만 원을 지급한다고 하면, 그게 공짜라는 생각에 사람들이 몰려든다. 그런데 그건 공짜가 아니다. 다른 금융 상품을 사게 만드는 시작이다. 그나마 주요 은행이나 증권사는 사기 치는 곳이 아니다. 수익을 추구하는 사기업일 뿐이다. 그러나, 개인 간의 거래에서 큰 수익을 주겠다는 말은 99% 사기다. 그렇게 보면 맞다. 개인 간의 거래는 최대한 안 하는 게 낫다. 그래야 위험을 피할 수 있다.

쉬운 일을 쫓다 보면 사기 당하고 곤란한 문제에 휘말리게 된다. 그래서 어른들이 항상 생각해보고 또 생각해야 된다고 말했었다. 그 말이 지금도 여전히 유효하다. 그냥 쉽게 돈 버는 일은 없다. 공짜 점심은 없다. 누군가에게 밥 한 끼 얻어먹어도 그에게 밥값보다 더 큰 보상을 해주어야 한다. 고작 밥 한 끼 먹었는데, 실제로는 수백만 원어치 일을 해줘야 하는 경우도 심심찮게 벌어진다. 사기꾼들이 남에게 밥도 잘 사고 커피도 잘 사고 선물도 잘한다. 그래놓고, 큰돈을 갈취해 간다. 그들의 수법이다.

쉽게 돈 버는 지름길은 멸망으로 가는 파멸의 길이다. 그러므로 더 조심하고 더 두려워해야 한다. 사고 팔면서 큰돈을 벌어 본 기억은 우리에게 지루하고 평범한 일에 관심 갖지 못하게 만든다. 재미없기 때문이다. 3배, 5배, 10배 뻥튀기하듯 돈을 팍팍 벌어 보면, 푼돈을 우습게 여기게 되고 일상생활에 집중하지 못한다. 도파민이 분비되는 짜릿한 일에만 겨우 반응하게 된다. 이 지경까지 가면 사실상 인생이 망가졌다고 보는 게 맞다.

비정기적인 부업도 괜찮다

갑작스레 사람을 써야 하는 경우가 있다. 어린아이 등하교 등의 일이다. 하루짜리 주방 설거지 일도 있다. 1달, 3달 이렇게 기간이 길지 않지만 하루 단위로 단기로 하는 부업도 있다. 요새는 벼룩시장이나 당근마켓 등에서 부업꺼리를 종종 찾을 수 있다. 단기 아르바이트라고도 말한다. 그런 일에도 관심 가지면 적은 돈이라도 벌 수 있다. 짧은 기간 동안 하는 부업도 충분히 도전할 만하다. 생각보다 다양한 일이 있다는 걸 알게 된다.

꼭 8시간, 한 달 단위로 고정 관념을 갖고 할 필요가 없는 시대다. 되려 1달 동안 8시간씩 고정으로 사람을 쓰면 인건비가 감당이 안 되어서 짧고 굵게 사람을 쓰려는 경향이 더 늘고 있다. 그에 걸맞게 자투리 시간을 활용해서 부업을 검토해보는 것도 좋겠다. 가까운 지인은 퇴근길에 배민 배달 앱을 켜놓고 퇴근한다고 한다. 그러다가 배달 일거리가 생기면, 잠깐 배달 하고 퇴근한단다. 그렇게 해서 얼마나 벌까 생각하지만, 10일, 20일 모이면 이 또한 몇만 원에서 몇십만 원이 될 수도 있다.

배달 일은 특히나 명절 연휴나 비나 눈이 많이 오는 날에는 인센티브를 더 주면서 배달하는 사람을 구하는 경우가 있다. 명절 특수기에 일할 사람이 필요한 경우도 있다. 그런 것도 잘 따져 보면 나름 괜찮은 부업이 될 수 있다. 짧게 일자리를 구하는 게 요새 되려 대세가 되어서, 그런 일자리를 찾아보는 것도 좋다. 대신 업무 강도는 엄청 셀 것이다. 그래서 더욱 각오가 필요할 거 같다.

꼭 정규 시간을 고집할 필요가 없다는 것이다. 그런 유연한 생각으로 부업에 접근하면 할 수 있는 것들이 더 많을 것 같다. 그러니, 좀 더 살펴보고 따져 보는 것도 좋다. 여러 가지 가능성을 열어 두고 무엇이든 참여하겠다는 마음가짐이 훨씬 더 중요한 것 같다. 그렇게 여러 가지 일을 경험하다 보면 내 노후에 소일거리로 삼을 만한 일을 발견할지도 모른다. 그렇게 항상 마음을 열어 두고 수용하면 좋을 것 같다.

또한 시간에 구애받지 않고 내가 투자할 수 있는 시간을 내가 정해서 하는 일도 있다. 시간을 할애하는 게 아니라, 일감을 받아 와서 그 일을 주말이든, 야간이든 상관없이 완성해서 건네는 일도 있다. 요새는 크몽 같은 재능을 사고파는 플랫폼도 있다. 이곳을 활용하면 또, 나의 부업꺼리가 생기기도 한다.

재능을 키우는
부업이 좋다

　나의 재능을 기르는 부업이라면 돈벌이가 좀 덜 되어도 고려해 보는 게 좋다. 나의 경력, 재능을 키우는 일은 당장 돈이 안 되어도, 오랫동안 내가 할 수 있는 일이 되어, 긴 호흡에서 보면 나름 돈이 되는 일이 될 수 있다. 그러므로, 좀 길게 내다보고 자신의 재능을 키우는 것에 신경을 쓰는 게 좋겠다. 물론 이 또한 아주 길게 내다봐야 하기에 인내심도 필요하고 항상심도 있어야 한다.

　당장은 부업이지만 내가 하고 싶어 하는 일이어서 내 의지로 시간을 더 늘릴 수 있으면 더 좋다. 당장 돈이 안 되어도 놔 버리지 않을 수 있는 일이면 좋겠다. 물론 당장은 본업에 집중해야 한다. 본업을 제대로 해야 생활비를 벌 수 있기 때문이다. 본업을 제대로 해야 부업도 고려할 수 있는 것이다. 본업을 소홀히 하면서 부업을 해서는 절대 안 된다. 본업이 망가질 수 있기 때문이다. 뭐가 우선순위인지는 당연히 잘 파악해 둬야 한다.

당장에 돈벌이가 안 되어도 꾸준히 해 나갈 수 있어야겠다. 돈을 얼마 벌겠다고 목표를 세워놓고 스스로를 압박하는 건 좀 별로다. 미리 기대치를 높여 놓으면 금세 지치게 되고 포기할 가능성이 커진다. 비록 부업이지만 마음만은 본업 이상으로 몰입해야 한다. 그런 부업을 가지고 길게 내다보면 분명 부업이 나중에는 본업을 뛰어넘는 날이 오거나, 이중으로 활동하면서 삶의 무대가 더 넓어질 수도 있을 것이다.

부업이지만 꾸준히 해나가면서 나름 의미있는 수준까지 올려놓는 걸 목표로 삼으면 좋겠다. 그렇게 접근하면 당장에는 돈이 안 되어도 어느 시점이 지나면 돈도 될 수 있을 것이다. 시작하자마자 돈이 되는 부업은 음식 배달이나, 몸을 써서 물류센터에서 물건 나르는 것 등 육체적인 부업이다. 블로그나 유튜브 활동으로 쉽게 돈을 벌 수 없다. 적지 않은 시간을 투자해야 하고 고민도 많이 생긴다. 그런데, 당장의 돈이 아닌 유무형의 이익이 생기는 일이다.

오랫동안 꾸준히 하다 보면 분명히 재능이 축적되고 다듬어질 것이다. 그러니, 재능을 기르는 일에도 관심을 가져 본다. 글 쓰는 걸 좋아하면 언론 기사 원고 작성도 좋다. 물론 책을 출간하고 유튜브, 인스타그램을 해서 사람들에게 인정받는 건 오래 걸린다. 그래도 꾸준히 해 놓으면 적지 않은 부수입이 될 수 있다. 그러니, 길게 내다 보고 차근차근 하는 걸 추천한다. 몇 년간 하다 보면 내 자신도 되돌아보게 되고, 생각보다 얻는 것들이 많아진다.

부업이 본업 되고
본업이 부업 된다

　언제든 뒤바뀔 수 있다. 우리네 삶이 바뀌듯 말이다. 언제든 상황이 바뀌고, 일이 변한다. 내 주변 상황도 달라지는 경우가 많다. 그러니, 항상 새로운 가능성을 열어두는 게 좋다. 돈을 위해서도, 미래의 내 일을 위해서도 필요하다. 언제 어떻게 내 상황이 뒤집어질지 모른다. 본업이라고 생각했던 일이 내게서 사라질 수 있다. 직장인이라고 하면 언제든 벌어질 수 있는 일이다. 그래서 나이 40세에 가까워지면 언제든 부업을 진지하게 알아놓는 게 좋다.

　부업이라고 우습게 생각하면 안 된다. 부업도 적응되는 데에 시간이 걸린다. 익숙해져야 한다. 철저히 맞닥뜨린다. 마음 단단히 먹고 접근해야 한다. 그냥 부업이라고 생각하고 쉽게 정하는 것도 좋지 못하다. 물론 당장 돈이 되어야 하니, 할 수 있는 일이 매우 제한적일 수 있다. 그래서, 이왕이면 부업을 하나만 고려하지 말고 몇 가지를 같이 고려하는 게 좋다.

나의 경우, 책을 써서 저자도 되고, 강의 시장에 나서서 강사로도 활용하고, 다른 이들에게 상담, 컨설팅 해주는 일도 부업으로 고려하고 있고, 조금씩 숙련되게 나를 다듬는 중이다. 유튜브 영상도 찍어서 매일 올린다. 블로그 글도 아주 더디지만 쓰고 있다. 이 일들 중 당장 돈이 되는 일도 있고, 돈이 하나도 안 되는 일도 있다. 그러나, 지금 그렇다고 나중에도 그러라는 법은 없다. 나중에 어떤 식으로 어떻게 쓰일지 알 수 없다. 그래서 지금은 이 모든 일들이 나에게 소중하다. 고마운 것들이다. 잘 활용하고 다듬어 볼 작정이다.

이렇듯 하다 보면 내게 안 맞는 일인지 파악하게 되기도 하고, 적성에 잘 맞아서 신나게 하는 일도 생길 것 같다. 시도해보지 않고 그저 생각만 해서는 되는 게 하나도 없다. 지루하고 뻔한 일이라 해도 계속 도전하고 움직여야 가능성을 파악할 수 있다. 그러니, 움직여 보자. 지금 해 보자. 시도하다 보면 무엇이든 보일 것 같다. 그리 믿고 지금 움직여 볼 작정이다. 시도하자.

아무 것도 하지 않고 말로만 하는 것보다 행동으로 옮기는 게 백번 낫다. 그러니 지금 움직이자. 막상 해보면 생각할 때 가졌던 느낌과 많이 다를 수도 있다. 막연한 두려움이 사라지고 되려 친근하고 편할 수도 있다. 그러니, 생각이나 말보다 직접 경험해 보는 게 좋겠다. 누가 뭐라 해도 내 인생이고 내 결정이니 조금씩 도전해보는 게 필요하다.

100세 시대,
다양한 일을 하며 산다

　100세 시대라고 한다. 노인도 젊은이들보다 더 왕성한 활동을 하는 시대다. 그래서 나이 60~70대에도 새로운 도전을 하고 또, 활력을 내보인다. 과거에는 60살만 되어도 환갑이라고 하며 노인 취급했다. 그러나 요새는 나이 60에 노인이라고 말하면 주변에서 욕할 정도로 젊어졌다. 건강 관리도 대체로 잘 되어서 60대에 일하지 않고 쉰다고 하면, 사람들이 이상하게 본다. 이제는 60대에도 무언가 활동을 하고 있는게 당연해진다.
　정년도 만 60세에서 만 65세 이상으로 늘리려는 사회적 분위기가 있다. 그러나, 아무리 젊다 해도 60대가 되면 예전에 비해 활력 있게 움직이기 어려울 수 있다. 각자의 건강 상태에 맞게 움직여야 할 것이다. 처지에 맞게 활동해야 할 것이다. 무엇보다도 건강을 기반으로 해서 움직일 궁리를 해야 한다.
　그리고 자신이 하고 싶은 일을 할 수도 있겠지만, 사회에서 요구하는 일 안에서 선택하는 게 맞을 수도 있다. 한창 전성기 나이 때 하던 일과 전혀 다른 일을 하게 될 수도 있다. 또한 급여도 많이 적어질 수도 있다. 그럼에도 불구하고 새로운 일에 도전하는 게 좋겠다. 꼭 8시간 일하는 풀 타임일 필요도 없다. 짧은 시간을 일해도 된다. 과거의 일과 전혀 다른 직종, 분야의 일을 하는 사람도 많다. 여러 종류의 일을 경험하다 보면 더욱 포용적이 되고, 여유로운 모습을 보이기도 한다. 그리고, 새로운 시도가 매우 자연스러운 시대가 되어 버렸다.

   일상 속에서 자연스럽게 아주 작은 일을 한다. 그것을 부업, 본업으로 딱 구분하지 않아도 될 것 같다. 그저, 나에게 얼마나 보람을 주는지, 돈은 얼마나 벌 수 있는지 등 지극히 뻔한 보상을 바랄 수도 있다. 노년에도 자신의 존재감을 드러내며 살고 싶어 하는 이들도 많다. 그런 이들이 새로운 일을 시작하는 것이다. 나이 들었기에 젊은이들보다 더 힘을 쓰는 일은 하기 어려울 수 있다. 그러나 다양한 경험과 기억이 있어서 더욱 노련하게 상황을 파악하고 해결책을 제시할 수도 있다. 그러므로 현직에 머물고 있다면 미리미리 퇴직 후의 삶을 구상하는 게 좋겠다. 그런 준비를 통해서 새로운 일에 도전할 수 있을 것이다. 지금 하고 있는 일에서 파생되는 일들도 적지 않을 것이다. 내가 어떤 일에 재능이 있고 관심이 있는지를 파악하는 데서부터 출발하면 될 것 같다. 두려움보다는 새로운 도전이라는 마음으로 움직이면 될 것 같다. 천천히 찾아보면 우리 사회에 도움이 되는 꽤 유용한 일들을 할 수 있을 것이다. 일이 없다면 내가 만들어도 될 것이다. 그리 생각하고 차근차근 준비해보자. 나에게 맞는 일을 말이다.

몸 쓰는 일을 해야
당장 돈이 들어온다

　몸 쓰는 일을 해야 통상적으로 부업으로 인한 수입이 확보가 된다. 유튜브나 블로그에서 말하는 것처럼, 글쓰기하고 온라인 책 낸다고 돈이 충분히 벌리지 않는다. 그런 쪽으로 재능이 있는 소수의 사람들에게나 부업 수익이 나오는 것이지, 보통의 사람들에게는 해당 사항이 없다. 그러니 착각하면 안 된다.

　편하고 쉽게 부업해서 벌 수 있다는 말은 헛소리라고 생각하면 맞다. 쉽게 돈 벌면, 그걸 본업 삼아서 하지 왜 부업으로 하겠는가. 그리고 그렇게 편하고 쉬운 일이라고 소문나면 사람들이 몰려들게 되고, 그러면 금세 경쟁이 치열해져서 돈을 적게 받을 가능성이 커진다. 가만히 앉아서 쉽게 돈 벌겠다는 생각 자체가 사기 당할 먹잇감이 될 모습이니, 그런 마음은 아예 갖지 않는 게 좋다.

　예를 들어, 포토샵, 그래픽 작업을 할 줄 아는 사람에게는 그러한 포토샵 작업 거리가 부업거리가 될 수 있다. 말을 잘하는 사람은 스피치 강좌를 열어서 알려주고 돈을 벌 수도 있다. 영어나 일어, 중국어를 잘하면 그러한 외국어 강의 과외를 해서 돈을 벌 수도 있다. 이는 모두, 몸을 써서 돈을 버는 일이다. 이렇게 자신만의 기술, 재능을 통해 돈을 버는 게 좋다. 이러한 재능이 없다면, 가장 정직하게 돈 벌 수 있는 게 물류센터에 가서 일해서 버는 것이다.

요새, 쿠팡 물류센터에 가서 일하는 사람들이 많다. 물론 힘들다. 무진장 힘들다. 그러나, 가족들을 먹여 살리기 위해 그 일을 선택해서 사는 사람들이 적지 않다. 정신줄 놓고 있으면 사고 날 수 있을 정도로 바쁘게 돌아가는 현장이다. 그런 곳에서도 묵묵히 일하는 사람들이 많다. 그러한 일도 관심 갖고 경험해 보는 것도 필요하다. 그래야, 정말 부업으로 삼고 꾸준히 하는 게 맞을지 아닐지를 판단할 수 있을 것이다.

쉽고 편하게 부업하겠다는 생각이 있지만, 남들이 제공해주지 못할 나만의 기술, 경험이 있어야 가능하다. 그러한 경력을 갖추려면 훨씬 더 시간을 쓰고 에너지를 들여 재능을 키워야 한다. 결국 쉽고 편한 부업 따위는 없다는 애기다. 부지런히 내 정성과 노력을 들여서 그에 합당한 돈을 버는 게 가장 올바른 모습이다.

빚 있고, 이자 내는 게 버겁다면 부업해야 한다

이자 내는 게 버겁다는 사람들이 늘고 있다. 연체가 늘고 있단다. 은행에서 돈 빌렸다가 갚지 못하고 연체하는 이들이 5년여 만에 가장 높은 수치를 보이고 있다는 뉴스를 본 적이 있다. 경기가 안 좋아서 자영업자들의 연체가 더 심해지고 있다. 어떻게 해야 할까? 참 불편한 얘기다.

폐업하는 가게들도 늘어나고 있다. 장사가 제대로 안 되고, 이자 내기도 버겁다면, 현재의 상황에서 획기적인 변화를 주어야 한다. 철저히 노동 소득에 집중해서, 돈이 나오는 구조를 만들어야 한다. 하고 있는 일 외에 부업을 추가하는 걸 적극 검토해야 한다. 적당히 하는 부업이 아니라, 거의 본업만큼 빡세고 힘든 일을 부업으로 해야 겨우 돈이 벌릴 것이다. 유튜브에서나 네이버 검색해서 나오는 블로그 글에서 보는 그런 부업은 기대하지 마라. 돈 안 된다.

사무직에서 일하는 사람이 9 to 6 근무를 하고, 퇴근한 뒤 2번째 직장으로 다시 출근해서 새벽까지 일한다. 이런 식이어야 실질적인 돈을 벌 수 있을 것이다. 물론 이거는 몸을 갈아서 돈을 만

드는 일이라고 말할 수 있다. 그러나, 이 정도로 빡세게 일해야 겨우 돈이 생기고, 이자 낼 돈이 만들어지는 것이다. 이렇듯 현실은 매우 고되다. 그걸 명심하고 지내야 한다. 세상에 공짜가 어디 있나? 쉽고 편한 부업 따위는 없다. 속지 마라.

내 땀 흘리고 내 힘 들여서 하는 일로 돈을 벌어야 그나마 오래 지속할 수 있다. 그리고 힘 들인 만큼 이자도 내고 때로는 원금도 갚을 수 있다. 바쁘게 일하기 때문에 돈 쓸 시간이 없어서 더욱 돈이 모인다고 말하는 이들도 있다. 절대 살아가는 게 쉽지 않다. 부업까지 해야 될 정도로 사는 게 팍팍해서 때로는 서러울 수 있다. 그러나, 그러한 부업을 평생 하는 게 아니다. 어느 시점이 되면, 몸이 쇠약해져서 못 하게 될 수도 있다. 하고 싶다고 아무나 시켜주지도 않는다.

어떻게든 자기 자신에게 최적화된 부업을 찾을 수 있는 것도 복이다. 그러한 부업을 잘 찾아서 좀 더 집중하며 돈 벌어야, 빚 갚고 이자도 내며 살 수 있다. 사람은 누구나 상황에 맞게 적응한다. 그러므로 너무 부정적으로만 생각할 필요도 없다. 어떻게든 잘 살아보겠다는 각오와 결심이 있다면, 부업에도 익숙해지며, 삶의 모습을 꾸려 나가게 될 것이다. 그러니, 차분히 잘 궁리해보는 것도 좋겠다. 아무쪼록 경제적인 부분으로 힘든 일들이 잘 극복되기를 바랄 뿐이다.

성인의 30%가
투잡을 한다

　성인 10명 중 3명이 투잡을 뛴다. 최근 한 일자리 앱에서 설문조사를 한 결과다. 본업과 아르바이트를 병행한다는 이들이다. 투잡족이다. 본업 수입만으로는 생활이 어려워서 아르바이트를 하는 것이다. 카페 편의점, 서빙, 주방 보조 등이라고 한다. 이들의 아르바이트 소득은 73만 원 정도 된다고 한다. 이 정도의 금액을 더 벌기 위해 투잡을 한다고 보면 맞다. 만약 이 금액이 충분하지 못하다고 하면, 투잡이 아니라 쓰리잡을 고려해야 할 수도 있다.

　그리고, 부업을 하는 비율이 점점 늘어나고 있다고 한다. 그만큼 생활이 녹록지 않다는 것이다. 어떻게 봐야 할까? 결국 지금 내가 부업을 하고 있지 않아도, 언제든 부업을 할 수 있다는 생각을 갖고 지내야 한다는 의미다. 자신에게 어떤 부업이 적당한지는 경험해 봐야 알 수 있다. 몸 쓰는 일이라고 다 똑같은 게 아니다. 미묘하게 차이가 있다. 그래서 음식점에서도 홀 서빙과 주방 안의 일에 대한 시급, 일당이 다르다. 어느 쪽이 내게 적합한지는 경험해 봐야 알 수 있다.

평생직장이 없는 시대라고 말한다. 은행 지점장으로 근무하다 퇴직한 뒤 아파트 경비 자리도 치열하게 경쟁해야 겨우 차지할 수 있다. 그만큼 일자리 구하기가 어렵다고 봐야 한다. 그래서, 평소에 관심이 있는 일을 부업으로 미리미리 경험해 놓는 게 좋다. 그래야, 투잡도 할 수 있고, 노년에 자기 소일거리든, 생활비 버는 용도의 일로든 참여할 수 있다.

언제든 일에 대해서도 대안이 있는 게 좋다. 하나의 일만 하며 살다가 그 일을 더 이상 할 수 없게 되면, 허탈해지고 멘탈이 나갈 수 있다. 그러나, 하는 일이 서너 가지가 된다면, 하나의 일이 끊겨도 다른 일에 집중하면 되니, 덜 힘들 수 있다. 또한 하나의 수입만 있는 것보다 몇 개의 수입원이 있으면, 사는 데에도 큰 도움이 된다.

꼭 금전적인 안정이 아니어도, 여러 가지 일을 하며 지내면, 내가 살아 있다는 존재감을 더 펼칠 수 있다. 100세 시대, 120세 시대라고 불리는 지금의 세상에 나의 능력, 역량을 더욱 펼칠 수 있으면 더 감사한 거다. 부업이 돈 외에도 여러 가지로 우리에게 이로울 수 있다. 그러므로, 자신의 건강, 시간이 허락하는 한, 최대한 다양한 부업을 경험해보는 게 좋다고 본다. 그러다 보면, 부업이 우리 인생을 더 다채롭게 만들어 주기도 할 것이다.

제8장

절약

아끼고 안 쓰는 게
미덕이다

　보통 사람들이 경제적으로 여유로워지기 위해 가장 나은 방법은 아끼고 안 쓰는 것이다. 뻔한 얘기이지만 이게 지름길이고 가장 안전한 길이다. 사람들도 알고 있다. 그런데, 절약, 저축이 가장 지루하고 재미없어서 꺼린다. 절약하는 습관을 가지려는 시도도 않는다. 공부 잘하는 우등생의 비법과 비슷하다. 물론, 잘사는 집 학생에게는 쪽집게 과외 선생이 있다. 그러나 보통 사람에게는 스스로의 노력뿐이다. 자산 시장에서는 그런 과외 선생 따위는 기대하지 않는 게 좋다.

　소비도, 절약도 적응하면 적응한 대로 산다. 그러므로 매일 같이 아끼고 안 쓰는 버릇을 들이는 게 좋다. 안 쓰면 안 쓰는 대로 산다. 그다지 불편하지도 않다. 처음에는 불편하지만, 적응되고 나면 이보다 장점이 많은 게 없다. 나름대로의 재미와 뿌듯함이 있다. 세상에 가장 재미있는 게 자기 통장에 돈 쌓이는 재미라고 했다. 저축하고 재산이 불어나는 걸 즐거움으로 아는 사람이 경제적으로 여유를 갖게 된다. 그런 습관을 익히고 일상으로 만들어야 되겠다.

5층 건물의 옥상으로 갈 때, 계단을 이용해서 올라가는 이에게 계단은 당연한 것이다. 그런데 엘리베이터로 올라가는 것에 익숙해져 있는 이들에게는 엘리베이터가 당연하다. 엘리베이터가 고장이라도 나면 어쩔 수 없이 계단을 이용하겠지만 계단으로 오르내리는 걸 정말 힘들어한다. 엘리베이터에 이미 몸에 적응이 되었기 때문이다. 우리네 삶은 편하고 여유로우면, 처음에는 좋지만 나중에는 당연하게 생각한다. 30평 아파트에 살다가 40평으로 이사는 가도, 15평으로 이사 가면 정말 힘들어하는 것과 비슷하다.

아끼고 절약하며 살면 작은 것도 쉽게 여기지 않고 고마워하는 마음을 가질 수 있다. 누군가는 종이컵에 담긴 자판기 커피 한 잔도 고마워하고 어떤 이는 스타벅스 커피가 아니면 거들떠보지도 않는다. 어쩌면 어느 커피든 기분 좋을 때 마시는 게 더 맛있을지도 모르는데 말이다. 무엇에든 적응하는 게 사람이니, 사소한 것도 우습게 여기지 않고 감사해하며 살도록 애쓰는 게 좋다. 그래야, 삶을 잘 관리할 수 있을 것이다.

안 쓰다 보면, 아주 작은 것도 가볍게 보이지 않게 된다. 유럽이나 일본 같은 선진국 국민들이 리사이클링이라고 해서 남들이 입지 않는 옷을 가져다 아무런 거리낌 없이 입고 다니는 걸 보면, 참 실용적이란 생각이 든다. 그래서 그들이 선진국 국민이란 생각도 든다. 그들은 뭐 하나도 쉽게 내 것이 되지 않는다는 걸 안다. 이미 경제 위기를 여러 차례 겪었기에 삶을 지키는 법이 무엇인지 알고 있다.

그리고 작은 무언가를 갖기 위해 무던히 애쓰며 산다. 그런 자세와 태도가 그들의 인생을 더욱 풍요롭게 해준다. 그리고, 어떤 상황에 놓여도 헤쳐나갈 힘과 역량도 갖고 있다. 그런 그들을 보며 미래를 대비하고 삶을 좀 더 진지하게 챙겨야 되겠다. 최대한 안 쓰고, 절약하고 주어진 일에 충실해야 되겠다.

무소비에 가까운
삶이 좋다

　극도로 아끼겠다고 각오해야 겨우 벌어들인 돈에서 일부를 남겨 저축할 수 있다. 사회 초년생이 월 100만 원, 200만 원 저축하는 게 쉬우냐? 절대 아니다. 월급은 뻔하고, 나갈 곳은 많은 게 서민들 대부분의 모습이다. 남들하고 비슷하게 할 거 안 할 거 다 하면서 저축하려고 보면 남는 돈이 하나도 없다. 우리가 벌어들이는 돈이 충분하다고 말하는 이들은 거의 없다. 항상 모자라고 부족하다고 얘기한다. 그게 우리네 현실이다. 그래서, 저축할 여력을 가지려면 정말 지지리 궁상을 떨어야 한다. 그래도, 겨우 조금을 저축할 수 있다.

　버는 돈이 적으니, 저축은 포기해야 된다. 도리어 더 벌어서 저축할 여력을 만들면 된다. 이렇게 주장하는 이들도 있다. 절대적인 수입 증대가 경제적 여유를 가져다 주는 것처럼 말한다. 그런데, 잘 생각해보면 우리가 수입을 증대시키는 법이 그리 많은 게 아니다. 정말 쉽지 않다. 물론, 체력이 되서 잠자는 시간을 줄여서 부업을 더 해서 수입을 늘리는 이도 있다. 그런데, 그렇게 사는 것도 쉬운 일이 아니다. 어쩌면 덜 쓰고 현재 소득 안에서 재정 관리하는 게 더 나을 수도 있다.

유튜브나 언론에서 재테크 비법을 얘기한다. 지지리궁상으로 살던 자신들이 재테크 방법을 배운 뒤, 6개월 뒤, 1년 뒤 경제적 자유와 풍요를 얻었다고 말한다. 그러나, 함부로 믿어서는 안 된다. 그렇게 쉬우면, 너도 나도 다 돈 벌어야지. 그렇게 광고로 유튜브에 영상을 올릴 필요가 있을까? 사람들이 알아서 몰려들 텐데 말이다. 그렇게 쉽게 돈 벌 수 있다고 말하는 이들 상당수가 연기자다. 그렇게 재테크 해서 돈을 쉽게 버는데, 왜 우리 주변에는 그런 재테크로 수익을 올리는 이들이 안 보이나? 가짜여서 그런 것이다.

쉽게 돈 번다는 말처럼 달콤한 게 없다. 그런데 쉽게 버는 것 중에서 제대로 된, 정상적인 일은 거의 없다. 정말 악착같이 달려들고 더 노력해야 돈을 조금 더 벌까 말까 하는 게 현실이다. 그리고 우연찮게라도 쉽게 번 돈은 쉽게 나가기 마련이다. 쉽게 들어왔기에 안 써도 되는 곳에 써 볼까 하는 마음의 나태함이 생긴다. 내가 그 돈을 악착같이 지키려 들지도 않기에 금세 새어 나간다. 그냥 흘러가버린다. 돈을 지킨다는 건 정말 어려운 일이다. 대부분의 사람들은 재테크로 돈 벌겠다고 뛰어들지만, 상당수가 손해를 입는다.

소비를 극단적으로 줄이면, 인생이 불행하다. 인생의 황금기가 너무 허망하게 지나가버린다. 이러면서 폄하하는 이들이 많다. 그런데, 정말 인생을 소중하게 생각한다면, 소비 외의 다른 부분을 어떻게 챙기고 채워나갈지를 고민해야 한다. 그러면, 소비 없이도 누릴 수 있는 것들이 우리 주변에 정말 많다는 걸 알게 된다. 그리고, 소비에 빠진 사람이 부럽지 않게 된다. 자기만의 주체성이 생길 수도 있다. 그러니 무소비를 추종해 볼 일이다.

저축하면
나중이 편하다

아끼고 절약했는데 되려 풍요로운 느낌이 생긴다. 사려고 하는 걸 사지 않았는데, 아쉬움이 드는 게 아니라, 도리어, 내 자신이 대견스러워진다. 내가 잘 참았다는 생각이 든다. 소비에 끌려다니지 않고 절제하는 마음을 가졌다는 생각에 기분이 좋아진다. 이런 마음이 나를 더 여유롭게 해준다.

절약하고 저축하는 모습은 돈을 아끼는 것 이상의 효능을 가져다준다. 내 스스로를 잘 통제하고 관리한다는 느낌을 준다. 그리고, 어떤 상황에 놓여도 힘들고 어려워도 극복할 내공도 생긴다. 이웃나라 일본은 돈이 있어도 잘 안 쓴다. 선진국 유럽 국민들도 비슷하다. 그렇다고 그들의 삶이 불행한가? 아니다. 도리어 그들은 삶을 더욱 내실 있게 꾸려 나간다. 앞으로 우리에게도 필요한 삶의 모습들이다.

저축하는 삶은 노년을 여유롭게 만들어 준다. 저축하지 않고 닥치는 대로 사는 사람들은 노년이 매우 불행하다. 대한민국의 노인들 10명 중 4명이 극빈곤층이다. 그들은 매우 불행한 처지에 놓여 있다. OECD 국가들 중 한국의 노년 빈곤율이 제일 높다. 여러 가지 이유가 있겠지만, 개인의 입장에서는 노후 대비가 더 절실히 필요하다는 걸 일깨워주는 현실이다. 그래서, 서둘러 절약하고 저축하는 모습을 가져야 한다. 그래야, 노년에 빈곤에 시달리지 않는다.

우리 주변에 노인 분들이 폐지 줍는 모습이 자주 보인다. 그들은 경제적 이유 때문에 폐지를 줍는다. 병원비, 부채 상환, 생활비 마련 등 여러 이유 때문에 폐지를 줍는 데 동원된다. 하루종일 평균 11시간을 폐지 줍고 고물상에 가져다주면 버는 돈이 만 원이 채 못 된다. 그게 노인들의 현실이다. 절대 빈곤에 시달리는 그들을 보며, 참 많은 생각이 든다. 그들이라고 젊은 시절 못 살고 어렵지 않았을 텐데, 한때는 그들도 번듯한 직장인에 여유가 있었을 텐데, 어쩌다가 저렇게 되었을까?

수입이 들어오면, 저축 먼저 하고 남은 돈으로 생활해야 된다고 얘기한다. 그런데 그게 절대 쉽지 않다. 그래서 그렇게 사는 습관이 나중의 삶을 안락하게 해준다. 남들처럼 살지 않고 주도적으로 삶을 꾸려나가는 그들이 오래오래 안정적으로 사는 것이다. 그러므로, 더욱 저축과 절약, 성실을 삶의 모토로 삼고 지내야 되겠다. 그래야 빈곤으로부터 벗어나서 살 수 있다.

절약도
습관이다

절약도 습관이다. 익숙해져야 한다. 습관으로 잡히면 불편한 것도 당연하게 여기게 된다. 불편함을 일상사로 생각하면 힘든 게 줄어들 수 있다. 절약이 제일 크게 돈을 모으는 방식이라고 믿는 게 좋다. 지난 30년 동안 일본인들에게 절약은 기본 소양이 되었다. 절약은 당연히 해야 하는 것으로 여긴다. 월급은 오르지 않는데 어떻게 하면 현재의 삶을 유지할 수 있을지 일본인들은 치열하게 고민했다. 그리고 도달한 결론이 절약 습관이다.

부자가 되기 위해, 중산층의 삶을 유지하기 위해 일본인들은 절약하는 습관이 몸에 배어있다. 물건을 사지 않는다. '연봉 백만 엔으로 절약하며 잘 사는 법' 이런 제목의 책이 인기를 끈다. 이런 책이 일본에서는 잘 먹힌다. 유행한다. 돈을 쓰지 않고 절약하며 악착같이 사는 걸 칭찬한다. 밖에 나가서 절대 소비하지 않는 걸 당연하게 생각한다.

저렴한 슈퍼마켓을 찾기 위해 자전거를 타고 쇼핑한다. 슈퍼마켓에 가족들을 데리고 가지 않는다. 혼자 다녀온다. 그래야 가족들의 부탁 자체를 차단할 수 있다. 교통비, 전기세, 집세 등 꼭 지출해야 되는 항목들이 너무 많아 절약할 수밖에 없다. 그리고 너도나도 절약하니, 절약 습관 자체가 경쟁이 되고 있다. 절약해서 집 샀다. 해외여행 간다. 이런 글들이 일본에서 인기를 끌고 있다. 한국에서도 앞으로 벌어질 일이다.

욕조에도 페트병을 넣어 물의 양을 아끼고 목욕할 물도 마련한다. 저금통에 매일 500엔을 넣는다. 슈퍼에서 과자 안 샀으니 500엔 넣고, 외식 안 했으니 500엔 넣는다. 이런 식으로 절약한다. 일본 사람들이 바보라서 이리 생활하는 게 아니다. 디플레이션 사회에서 소비보다 아끼고 절약하는 게 이득이니 이리 하는 것이다. 조금만 정신줄 놓으면 통장 잔고가 바닥나서 난리가 난다.

일본 청년들 머리가 장발인 것도 미용실 비용을 아끼기 위함이란 얘기를 들은 적 있다. 연비 좋은 경차를 신호하고, 어떻게 하면 더 아낄 수 있을지 궁리하는 게 당연하다. 그런 절약 습관을 가지면, 삶을 안정적으로 유지할 수 있다. 월급은 오르지 않고 가처분 소득은 줄어드니 절약 습관은 더욱 더 필요한 것이다. 그래야 이미 시작된 장기 불황의 시대에 삶을 지키고 가족들을 지킬 수 있을 것이다. 세상에 절대 만만한 건 없다.

덜 쓰고 줄이는
다운사이징 한다

내 삶의 규모를 적절하게 조정하는 게 좋다. 내 처지가 달라지면 그에 따라 줄여야 한다. 그래야 삶을 안전하게 유지할 수 있다. 우리의 경제 상황은 좋아질 때도 있고 나빠질 때도 있다. 특히나 지금은 대차대조표 불황이라는 단어가 언론에 나올 정도로 좋지 못하다. 일본식 장기 불황이 한국에 닥친다고 말한다. 이웃 나라 일본이 20년, 30년의 장기 불황을 극복한 힘이 바로 절약이다. 이제 한국도 그런 모습을 배워야 한다.

덜 쓰고, 삶의 규모를 줄이면, 위험에 대비할 수 있다. 아무리 힘들고 어려워도 묵묵히 견디며 사는 이들이 있다. 그들이 어떻게 그리 견디며 사는지를 엿보고 배워야 한다. 모르면 배우면 된다. 스타벅스 커피를 즐겼다면, 그 대신 맥도널드 커피나 편의점 커피로 바꿔볼 필요가 있다. 그마저도 부담이다 싶으면, 동서 맥심 스틱 커피로 바꾼다. 중형차를 타고 다니던 걸, 대중교통으로 바꾼다. 그렇게 일상 속에서 다운사이징 하는 사례를 찾는다.

만나는 사람들과의 관계도 줄일 필요가 있다. 조직에 속해 있을 때는 필요에 의해 여러 사람과의 관계도 구축해 둬야 한다. 그러나, 장기 저성장, 경기 침체의 시대에는 그마저도 사치일 수 있다. 최소한의 인간관계만 유지하고 자기 자식과 가족에게 집중하는 게 낫다. 그래야 소비를 줄일 수 있다. 회사라는 조직 안에서 만난 이들은 상황이 바뀌면 곧바로 단절되는 관계일 수도 있다. 정말 오래갈 수 있는 관계 외에는 줄이는 게 좋겠다.

먹는 것도 꼭 3끼를 고집할 필요가 있을까? 활동량도 줄어들고 나이도 들어가는데, 굳이 3끼를 고집하지 않아도 될 것 같다. 먹는 횟수를 줄이면, 음식 마련에 들이는 시간도 줄일 수 있고 설거지 등 각종 부수적인 활동도 줄어든다. 꼭 금전적인 것이 아니어도 단촐해진다. 식사할 때, 반찬 가짓수도 줄일 필요가 있다. 과거에 비해 적절하게 줄여나가는 게 현명한 모습이다. 좀 더 많이 활동하고 더 많이 움직이기 위해 쓰던 돈과 시간을 줄이면, 그에 걸맞게 삶이 조정된다.

생각의 범위도 줄인다. 더 이상 남의 눈치, 이목을 살피기보다 나의 내면에서 나오는 목소리에 귀 기울이고, 내 말, 행동에 관심을 갖는다. 내 인생이고 내 삶이다. 어떻게 설계하고 긴 안목으로 다듬어 나갈지를 갖춰 놓는 게 좋다. 남이 시키는 대로 사는 삶이 아니라, 내가 의지를 갖고 만들어 가는 삶이면 좋다. 남에게 휘둘리지 않고 스스로 관리하고 통제하며 살 수 있게 되지 않겠는가. 내 삶의 규모가 줄어들면 그만큼 생각의 여지도 생겨서 좀 더 느리게 살아도 되지 않을까. 조급해하고 서두르는 모습도 줄어들 것 같다.

안 쓰는 데 적응하면
불편하지 않다

　불편함도 적응하면 불편하지 않고 자연스러워진다. 그러려니 하고 여기게 된다. 세상에 당연한 게 없는데, 뭐든 젖어드는 법이다. 흥청망청거리고, 거드름 피우면서 살면 그게 몸에 배게 되고, 검소하고 절약하며 살면 그게 일상이 된다. 사람은 상황에 맞게 움직인다. 그러므로, 지금 같은 장기 침체의 시대에는 안 쓰고, 아끼고 절약하는 모습을 갖는 게 좋다. 안 쓰는 것에 적응되면 불편하지 않고, 익숙해진다. 그리고 없이 지내는 걸 그러려니 한다.

　소비도 습관이다. 각종 언론 매체들이 소비를 통해 신분을 과시하고 만족감을 느낀다고 얘기하는데, 되려 소비는 하면 할수록 채워지지 않고 남들과 더 비교하게 된다. 나를 드러내려고 애쓰게 된다. 그럴수록, 공허함이나 허탈함이 더 늘어난다. 가져도 가져도 항상 모자란 법이다. 월급을 180만 원 받는 이는 200만 원만 넘어도 좋겠다고 생각한다. 그러다가 220만 원이 되면, 3백만 원을 받고 싶고, 또 4백, 5백 점점 늘어난다. 끝이 없다.

　소비를 절제하고 근검절약하는 자세를 갖추면, 아주 작은 것에도 감사하게 되고 불필요한 것을 보관하고 챙기는 데 들이는 에너지를 아낄 수 있다. 에너지를 아끼게 되면, 정말 필요한 것에 집중하게 되고 삶이 매우 간결해진다. 복잡한 세상을 사는데, 우리 자신까지 복잡하면 더 챙길 게 많아지고 놓치는 게 늘어난다. 그런데, 줄이게 되면, 불필요한 것들에 신경 안 쓰고도 살 수 있게 된다. 나이가 들수록 소비가 줄어드는 것도 어쩌면 이런 것과 연관이 되어 있는 것 같다. 쓸데없는 겉치레에서 해방되고, 남의 눈치를 안 보기 때문에 소비를 덜 하는 게 아닐까 싶다.

불필요한 것을 줄이면 삶의 여유가 생긴다. 쓸데없는 것에 들이는 시간을 줄이면 그만큼 시간 여유도 생긴다. 줄이는 삶으로 금전적인 여유는 당연히 오고, 또 다른 마음의 여유도 생길 수 있다. 서두르지 않아도 되고 모자라면 모자란 대로 살 수도 있다. 남에게 베풀 수 있는 마음이 생길 수도 있다. 모든 게 내가 다 이룬 게 아니라, 남들의 도움으로 이뤄진 것이고, 또 나누면 더 커지고 더 풍요로워진다는 걸 느낄 수도 있다.

그러니, 무소비에 가까운 삶을 추구하는 게 좋겠다. 무소비라고 꼭 필요한 것까지 소비를 안 해야 하는 건 아니다. 불필요한 것들은 과감히 버리고, 하지 않는다는 의미다. 그렇게 살면 언제든 힘들고 어려운 시기를 잘 넘길 수 있지 않겠는가. 누구나 사람은 상황에 적응할 수 있다. 그걸 선택하느냐, 안 하느냐에 달려 있다. 그리고, 선택했으면 그에 따른 실천이 필요하다. 그 실천도 거창할 거 같지만, 하다 보면 익숙해진다.

절약하면
자유인이 된다

자본주의 사회에서 경제적인 자유인은 아주 대단한 존재다. 경제적으로 자유롭지 못하면 삶이 힘들다. '영끌'하고 '빚투'해서 빚의 노예가 되면, 매일 금융권의 눈치를 보며 살게 된다. 고개도 제대로 들지 못한다. 이번 달에는 이자가 얼마나 오를까? 부담을 얼마나 더 짊어져야 할까? 언제쯤이면 빚의 굴레에서 벗어날 수 있을까? 매일 드는 고민과 걱정이 눈치보게 만들고 위축되게 한다.

기득권들이나 윗사람들은 남들이 경제적으로 자유롭게 사는 걸 원하지 않는다. 불편해한다. 자유로우면, 자기 주도적으로 일하고 아닌 것을 아니라고 자신 있게 얘기한다. 그런 사람들을 싫어한다. 되려, 빚지고 허덕이는 걸 좋아한다. 그래야 자신들이 부려 먹고 갑질해도 군말 없이 시키는 대로 일할 것이기 때문이다. 남의 눈치를 보고 부당함에 항변하지 못하는 이들은 자신감도 없고 열패감에 시달린다.

빚지고 살면 자유롭게 지낼 수 없다. 주변에서 가만히 놔두지 않는다. 더 뜯어가려고 하고, 더 일해야 된다고 요구한다. 그런 처지에 내몰리면, 삶을 제대로 살기 어렵다. 그렇게 빚쟁이의 신세로 전락하지 않기 위해서 우리는 절약해야 한다. 어떻게든 절약하고 아껴서 자신의 돈을 가져야 한다. 비상금도 있어야 하고 생활비도 있어야 하고, 필요한 것들이 많다. 그런 것들을 남에게 빌려서 챙기는 게 아니라, 스스로 해내기 위해서는 절약해야 한다.

절약해서 자신의 돈으로 생활하면, 눈치 볼 필요도 없고 자신의 인생을 살 수 있다. 그게 자유인이다. 언론이나 유튜브에서 떠들어 대는 부자 놀음에 빠지지 않아야 한다. 금방 무언가를 이룰 수 있고 금방 부자가 될 거라는 착각에 놀아나지 않아야 한다. 그들은 그렇게 환상을 불어넣어 주면서 빚지게 만든다. 그렇게 빚지기 시작하면 인생이 빈곤층으로 전락하는 건 순식간이다. 그러므로 절대로 절대로 빚지지 않아야 하고 근검절약해야 된다.

절약해서 경제적인 자유를 이룬다는 걸 아주 많은 돈을 확보하고 벌어 놓는 것으로 착각하면 안 된다. 빚지지 않고 자신의 힘으로 벌어들인 돈을 조금씩 축적하며 어제보다 오늘이 나아지면 괜찮은 거다. 통장에 100만 원이 없는 이들이 국민 10명 중에 6명 이상이라고 한다. 그 정도로 쓸 돈이 없어 허덕이며 산다. 그러므로, 생활비 쓰고도 남는 돈이 있고, 꾸준히 자산을 늘려가는 그런 수준이라면 경제적으로 자유인이라고 볼 수 있다. 빚만 없어도 중간 이상이다. 그러니, 빚지지 말고 절약해야 한다.

내 시간도
절약하자

내 일상 속에서 낭비되는 시간, 별것 없다며 지나쳐 버리는 시간도 잘 살펴볼 필요가 있다. 자투리 시간도 내가 어떻게 활용하느냐에 따라 아주 유용해질 수 있다. 그러니, 내 시간도 아끼고 소중하게 여기는 게 좋겠다. 내 시간도 돈으로 환산해서 어떻게 하면 아끼고 유용하게 사용할지를 궁리해야 한다. 그래야 나의 삶이 나아질 수 있다.

고작 30분, 1시간이라고 쉽게 생각하지 말자. 어떤 이들은 출퇴근 시간을 이용해서 책을 읽고 공부를 한다. 피곤하다고 흘려버리는 시간도 모이면 적지 않은 시간이 된다. 영어 단어, 중국어 단어 몇 개 외울 수도 있다. 무엇이든 내가 집중하고 잘 사용할 시간이 마련된다면 참 좋은 일이다. 현대의 직장인들은 본업 말고도 부업을 항상 고민한다. 소득이 부족하기 때문이다. 그래서 더욱 자신의 재능을 키우고 발휘할 기회를 가지고 싶어 한다. 그러려면, 더욱 자신의 재능을 키우는 데 시간을 투자해야 한다. 그 시간을 잘 마련하는 게 필요하다.

우리는 항상 시간이 부족해서 무얼 못 한다고 핑계 댄다. 그런데, 잘 생각해보면, 시간이 없는 게 아니라, 시간 관리를 잘못한 경우가 더 많다. 조금씩 내 자신을 되돌아보고, 내가 흘려버리는 시간이 얼마나 되는지를 파악할 필요가 있다. 그래야 그 시간을 잘 모아서 내게 쓸 수 있다.

나는 출근하는 중에 지하철역 몇 정거장 먼저 내려서 걷는다. 이른 아침에 산책하는 운동 시간을 확보한 것이다. 그 시간 동안 산책하면서 나름의 다른 활동도 같이 한다. 그래서 내게는 운동도 되고 아침 컨디션도 좋아지는 시간이다. 그리고 점심시간도 다른 이들은 점심 먹으러 나갔다가 먹고 들어오면 1시간이 다 지나가지만, 나는 도시락 점심을 먹고도 산책할 시간이 30~40분이 생긴다. 이 또한 소중한 시간이다.

우리가 살면서 아껴야 하는 것은 돈만이 아니다. 돈은 당연히 절약해야 하고 시간도, 또 다른 것들도 아낄 궁리해야 한다. 그래야 삶이 지켜지고 나아진다. 내 시간도 돈만큼이나 중요하다. 나를 더 나은 존재로 만들기 위해 더욱 시간을 낼 궁리를 해야 한다. 그래야 나의 미래가 만들어질 수 있다. 시간을 소중히 여기고 규칙적으로 시간을 만들어낸다면 분명 나의 미래는 현재보다 더 좋아질 수밖에 없다. 그러니, 부지런히 놓치고 있는 시간을 모아야 되겠다.

술, 담배 안 하면,
건강하고 절약도 된다

뻔한 얘기다. 술 안 마시고 담배 안 피면 더 건강해지고 돈도 아낄 수 있다. 술 마시는 사람들 상당수가 담배를 핀다. 담배 피는 이들 중 상당수가 술을 마신다. 둘 다 하는 이들이 많다. 그런데 둘 다 안 하는 사람은 적다. 둘 다 안 하면 최소한의 건강 관리도 가능하고 돈 쓸 일도 줄어든다. 꽤 유용하다.

요새는 삼겹살에 소주 한잔 하려 해도 최소 5만 원, 6만 원 이상이 든다. 절대 적은 돈이 아니다. 한 달에 저녁 술자리 서너 번만 가져도 20만 원, 30만 원이 금방 사라진다. 거기에다, 담배를 핀다면 15만 원 이상이 들 것이다. 담뱃값 4,500원을 30일 동안 매일 샀다고 가정한 금액이다. 술, 담배만 해도 대략, 35만 원, 45만 원이 드는 셈이다. 술 담배만 안 해도 한 달에 아끼는 금액이 절대 적지 않다.

술 담배를 하는 사람 중 유흥을 즐기지 않는 사람이 있을까? 술 담배 하다 보면 다른 생활에도 영향을 줘서 씀씀이가 커지는 게 당연해질 수 있다. 늦은 시각까지 술 마시다가 지하철 끊겨서 택시 타고 가고, 대리운전 부르게 되면, 또 몇만 원이 사라진다. 이렇게 쓰다 보면 버는 돈을 넘어서 마이너스 인생이 되는 경우가 허다하다. 이런 삶을 살며 돈을 모으고 절약해서 나중을 대비하는 게 가능할까? 쉽지 않을 거라고 본다.

보통의 사람들은 다 쓰고 난 다음에 충분하게 돈이 남을 정도로 넉넉하기 힘들다. 대부분 빠듯하게 쓰고, 여차하면 마이너스 통장 써야 할 정도로 힘겹다. 그런데, 술 담배까지 한다는 건, 그냥 매달 벌어서 다 쓰고 산다는 얘기와 비슷할 것이다. 참으로 빡센 삶이다. 점점 물가는 오르고, 생활비 부담은 더 커지니 말이다.

이왕이면 술, 담배를 멀리해서 소비 항목에서 사라지게 만든다면, 건강도 챙기고, 절약도 되고 삶이 더욱 간결해질 것이다. 앞으로는 담뱃값도 4,500원에서 6천 원, 8천 원, 만 원 이상으로 오를 가능성이 크다. 술값도 가만히 있지 않을 것이다. 결국, 술, 담배를 하는 이들의 소비액은 더 늘어나고 일상생활에도 영향을 미칠 것이다. 그러니, 몸에 해로운 술, 담배 안 하고, 다른 건전한 취미 활동을 해보는 게 어떨까 싶다. 소주 한잔도, 담배 한 대도 하지 말라는 건 너무한 거 아니냐고 말할 수도 있다. 그러나, 그런 것 말고도 유용하게 활동할 것들이 적지 않다. 그러므로 좀 더 건전한 활동에 취미를 가져 보는 건 어떨까 싶다.

일본 절약 만화
『정액제 남편의 용돈 만세』

　눈물 나는 절약 습관이 고스란히 담긴 작품이다. 주인공은 만화작가 코우지다. 담배도 안 피고 술도 안 마시지만 맛있는 과자를 사먹는 게 그의 가장 즐거운 시간이다. 늘 쪼들리는 용돈에 아내에게 용돈을 올려달라고 하지만, 아내는 가계 살림을 생각하면 그러기가 어렵다. 뻔하고 당연한 가정의 일상 속에서 우리는 절약하며 사는 그들의 모습을 엿볼 수 있다.

　만화에는 코우지 외에도 다른 짠돌이들이 많이 등장한다. 그들은 각자의 절약 방법을 공유하며 더 절약하겠다고 다짐한다. 일본은 한국에 비해 잃어버린 30년을 먼저 겪으면서 월급이 오르지 않는 상태를 오랫동안 겪었다. 그래서 절약을 선택사항이 아니라 필수로 여기며 살아야 했다. 그러지 않으면 월급 내에서 사는 게 불가능했다. 그런 삶이라고 해도, 각자 취미도 있고, 삶에서 즐기고 싶은 작은 것들이 없을 수 없다. 그런 그들의 삶, 절약하는 모습이 우리에게 알려주는 메시지는 적지 않다고 본다.

　서민들의 짠내 나는 절약 노력이 우리에게 시사하는 바가 많다.

용돈을 꿰뚫는 다큐멘터리라고 말한다. 용돈은 남편에게 있어 희망이면서 최대의 고민이라고 말한다. 작품 속 45세의 요시모토 코우지는 이번 달 용돈으로 2만 1000엔을 받았다. 우리 돈으로 20만 원이 조금 넘는 돈이다. 원래 용돈이 3만 엔이었지만 둘째가 태어나면서 용돈이 30%가 삭감된 금액이다. 그래서 2만 1000엔을 받는다. 그 돈으로 과자를 사먹는다. 과자 1만 엔, 아이들 장난감 2천 엔, 영화, 만화, 서적으로 5천 엔, 레코드 수집 2천 엔, 옷, 신발 사는 데 2천 엔을 쓴다. 그렇게 아예 계획을 세워놓고 쓴다. 참 눈물겨운 이야기다.

항상 계획대로 쓴다고 애쓰지만, 예상보다 초과 지출해서 용돈 없이 버티는 기간도 적지 않다고 한다. 매달 1일에 용돈을 받는데, 그날까지 견디기가 여간 힘든 게 아니라고 하소연하는 용돈 아빠 코우지. 우리네 한국 가장들의 모습이라고 별반 다른 게 있을까 싶다. 궁상 떠는 모습이라고 별로라고 말하는 이들도 있다. 그래도 그렇게 성실하게, 아끼며 사는 보통 사람들이라는 게 우리와 비슷하다는 느낌이다.

아무쪼록 '용돈 아빠' 만화를 찾아서 보면 좋을 거 같다. 우리네 현실과 비교해볼 수도 있고, 일본 중산층들의 삶도 엿볼 수 있다. 그리고 우리가 앞으로 어떻게 절약하며 살아야 할지에 대해서도 많은 사례를 알려주는 것 같아서, 만화 이상의 의미도 있다고 본다. 보통 사람들이 살아가기가 더욱 빡빡해지는 지금의 시대에 우리에게 절약은 선택이 아니라 필수 사항이 되었다.

절약해서
목돈 1억 모으기

요즘, 유튜브나 뉴스를 보면 '1억 모으기'라는 주제로 얘기하는 이들이 많다. 과거나 지금이나 결코 현금 1억 모으기는 쉬운 일이 아니다. 특히나 절약하면서 수입의 상당 부분을 아껴서 돈을 모은다는 건 정말 큰 결심이 필요하다. 그런데, 1억은 너무 멀게 느껴진다. 그래서 1억보다는 당장에는 500만 원, 천만 원 모으기로 목표를 낮추는 게 좋을 거 같다. 처음에는 천만 원 모으기에 도전하고 그다음에 3천만 원, 5천만 원, 그리고 1억 이렇게 단계별로 접근하는 게 좋을 것 같다.

목돈 모으기라는 목표가 있어야, 절약이 좀 더 현실적으로 실행될 것 같다. 그런 목표 없이 그냥 절약하다 보면, 중간에 포기하기도 쉽고, 그냥 놔버릴 때가 생길 수도 있다. 그러므로 부지런히 목표 금액을 향해 도달해 나가는 그런 과정들이 좋을 것 같다. 물론, 남들보다 좀 더 빨리 달성하면 좋겠지만, 철저히 자신의 상황에 맞게 달성 계획을 세우고 그에 따라 차근차근 움직이는 게 제일 나을 것 같다. 과도한 남과의 비교는 좋은 모습이 못 되는 것 같다.

요즘 보면 1억을 모으는 방법이라면서 분양권 투자, 주식 투자 등등 재테크를 권하는 이들이 많다. 그런데, 그런 방법이 다 유용한 건 아니다. 나는 가장 우직하게 저축, 즉 예금, 적금으로 접근하는 게 가장 안전한 방법이라고 본다. 그리고, 주식이나 부동산으로 돈을 모으기 위해서는 더욱 철저한 공부를 바탕으로 한 뒤에 하는 게 맞다고 생각한다.

처음 목표를 천만 원, 삼천만 원으로 세우고 그 금액을 달성하기 위해 움직이는 이들은 되도록 적금을 드는 게 제일 좋다고 본다. 그래야, 매달 매달 금액이 늘어나는 것을 확인할 수 있기 때문이다. 적금 이자도 중요하지만 그보다 더 우선은 원금을 늘려가는 것이라고 본다. 그리고 적금을 넣기 위해 내 수입에서 적금을 먼저 떼내고 난 뒤 남은 금액으로 생활이 가능한지 여부도 살펴봐야 한다.

무리하게 적금을 넣다가 되려 생활이 틀어지면 목돈 모으기가 중도에 흐지부지될 수 있다. 그러니 처음에는 달성 가능하도록 적금 금액도 적게 설정하고 시작하는 게 좋겠다. 남들보다 더 빨리, 그리고 더 많은 금액을 모으고 싶어 하는 건 누구나 같은 마음이다. 그러나, 무리하면 탈이 나기 마련이다. 시작은 아주 적게 하고, 우선은 달성 가능한 금액을 정해 놓고, 기간을 잘 지키는 게 필요하다고 본다. 그렇게 해서, 달성하고 나면, 그다음 목표를 향해 또 움직이면 될 게 아닌가 싶다.

제9장

사기, 당하지 않아야 한다

세상에
공짜 없다

　우리는 보통 공짜를 좋아한다. 송파구에 사는 주민들에게 "제주도 여행을 공짜로 보내드립니다." 이런 말에 속아서 덜컥 가입한다. 그런데, 알고 보면 자기 돈 내고 제주도 다녀오는 비용보다 훨씬 많은 돈을 지불하게 된다. 대체로 그런 결말을 맞는다. 물론 대놓고 그런 허위 광고를 내는 업체도 잘못이고 이런 것을 방치하는 사법 당국도 문제다. 그런데, 제일 큰 문제는 그런 것에 걸려드는 이들이다. 공짜를 바란 탓에 걸려든 것이다. 돈이 들지 않는다. 무료다. 이런 말에 사람들이 잘 넘어간다. 그런데, 공짜가 가장 비싼 대가를 치르게 되어 있다.

　공짜가 제일 비싸다. 항상 정당한 지불을 정도로 생각하는 게 좋다. 그게 가장 안전하다. 누군가에게 커피를 얻어 마시거나 밥을 얻어먹으면 상대방의 말을 무시하기 어렵다. 좀 무리한 부탁도 왠지 모르게 들어줘야만 할 것 같다. 괜히 차 한잔 얻어먹고 그보다 훨씬 더한 일을 해줘야 될 수도 있다. 그러니, 내 돈 주고 사는 게 제일 싸고 속 편하다. 남에게 휘둘리지 않으려면 절대 얻어먹으면 안 된다. 우리네 삶에서 공짜는 없다고 여기고 지내는 게 가장 낫다.

라스베이거스에 있는 카지노는 호텔 식사와 숙박이 무료다. 무료를 미끼로 사람들을 끌어들인다. 사람들은 공짜 호텔과 식사를 즐기면서 카지노를 조금만 경험하면 된다고 생각한다. 그런데, 카지노 가까이에 있는 무료 호텔과 식사에 빠지면, 카지노로 자연스럽게 가게 되고, 카지노에서 호텔 숙박비, 식사비를 훨씬 뛰어넘는 돈을 쓰게 된다. 이게 결국 카지노 업계의 노림수다. 공짜라고 꼬드긴 뒤에 더 많은 돈을 쓰게 한 것이다.

부자들은 함부로 공짜를 바라지 않는다. 남에게 기대었다가 곤욕을 치르는 일이 많이 생긴다는 걸 본능적으로 안다. 가만히 있어도 여기저기에서 뜯어 먹으려고 날뛰는 하이에나들이 많은데, 괜히 밥 먹고 술 마시고, 얻어먹었다가는 코 꿰이는 것이다. 부자들은 세상 그 어디에도 공짜가 없다는 걸 잘 안다. 그래서 그들은 항상 사람을 조심하고 경계한다. 그래도 곧잘 당한다. 잠시 잠깐 정신줄 놓을 때 사기꾼들이 다가와서 뒤통수친다.

그리고, 부자들은 다른 사람을 부리는 방법으로 평소에는 잘 안 챙겨주다가 챙길 때는 엄청 크게 챙겨주는 것처럼 느끼게 만든다.

그렇게 해서, 자기에게 잘 보이려고 애쓰게 만든다. 자신에게 잘 보이면 언제든 엄청 큰 보상을 받을 수 있다는 환상을 갖게 만든다. 그리고는 더 부려 먹는다. 그래서 함부로 남에게 바라지 않아야 한다. 얻어먹지만 않아도 자기 할 말 하고 자기 주도로 인생을 개척해 나갈 수 있다.

쉽게 돈 번다는 말에
넘어가지 마라

'100만 원으로 20억 만들기' 이런 제목으로 사람들의 관심을 끈다. 그리고 빠져들게 만든다. 과연 가능한 얘기인가? 거의 불가능에 가깝다. 그러나 사람들은 이런 이야기에 귀를 기울인다. 이런 환상이나 희망을 바란다. 애시당초 말이 안 되는 얘기인데, 빠져든다. 현실이 별로다 보니 지푸라기라도 잡는 심정으로 그런 걸 바란다. 그런 마음을 품을 수는 있다. 그러나 현실 세계에서 빠져들면 정말 답이 없다. 그냥 내 돈을 남에게 상납하는 꼴이다. 그리고 온갖 상처를 다 받게 된다.

사람들은 처절한 번민, 고통, 고민은 싫어한다. 그리고 달콤하고 맛있는 것을 찾는다. 달달한 걸 좋아한다. 불편하고 어려운 현실을 인정하고 받아들여야 하는데, 잘 안된다. 그러면 자기 인생이 너무 한심하기 때문이다. 그래서 좀 쉬운 길, 지름길, 빠른 방법을 찾으려 한다. 그런 마음에 사기 당하고 어려운 처지로 내몰린다. 정말 원하면 간절하고 절실해야 하는데, 그러기는 싫고 더 많은 것은 갖고 싶다. 그래서 어긋나는 것이다.

고통과 어려움을 거부하고 지금의 세상을 잘 이용할 수 있다는 착각이 더 사기 당하게 만든다. 아이러니다. 100만 원으로 20억을 벌 수 있다는 말에 놀아나는 이들이 점점 늘어난다. 이런 유혹적인 제목이 2030들을 끌어들인다. "네가 이 세상의 주인공이다. 지금 힘들고 어려워도 모험 걸면 된다. 그러면 금세 인생 역전할 수 있다." 이렇게 말한다. "내 말을 들으면 돼. 내게 와서 돈을 주고 고액 강의를 들어! 그러면 네가 원하는 거 다 이룰 수 있어," 이렇게 꼬드긴다.

세상이 사막 같고 정글이라고 얘기하지 않는다. 동물의 왕국이고 야생이지만, 진실을 숨기고 좋은 면만 보게 만든다. 광야로 나서면 젖과 꿀이 흐르는 오아시스가 펼쳐진다고 말한다. 생일날에는 특급 호텔에서 우아하게 뷔페 먹고 비싼 와인을 마시라고 한다. 그렇게 부자가 되는 느낌을 가지라고 한다. 우주가 너를 중심으로 돌아간다고 말한다. '네가 선택한 일이 가장 최고다. 네가 하는 건 항상 옳다. 내일부터는 잘될 거야!' 이렇게 꿈과 희망을 심어준다. 그리고 뒤통수친다.

낭비가 절정에 이르면 한탕주의로 흘러가게 된다. 어떻게 되겠지. 이런 마음으로 자포자기하게 만든다. 돌려막기 하게 만든다. 힘들면 잠시 미뤄두라고 한다. "인생은 잠시 힘들지만 괜찮다. 네가 잘하고 있는 거다." 이렇게 위로한다. 가짜다. 거짓이다. 항상 희망적이고 긍정적인 말만 하면 다 이뤄진다고 말한다. 가짜다. 사기다. 듣기 좋은 말은 그저 사탕발림이다. 속으면 안 된다. 절대 쉬운 일 없다. 쉽다고 생각하고 공짜라고 여기는 순간 걸려든 것이다. 무서운 일이다.

친절하게 다가오는 이를
경계해라

　친절하게 다가오는 사람을 조심해야 한다. 친절은 대가를 요구한다. 내가 아무것도 지불하지 않는데 나에게 잘해주는 일은 벌어지지 않는다. 아무런 이유 없이 친절한 이는 없다. 밝은 표정으로 다정다감하게 말하는 사람은 보통, 겉과 속이 다른 사람일 가능성이 크다. 도리어 무뚝뚝한 이들이 진실된 사람일 수도 있다. 그러므로 언제든 겉모습으로 많은 것을 판단하지 않는 게 좋다.
　사기꾼들은 친절이 몸에 배어있다. 그래서 사람들에게 금방 인정받고 호감을 얻는다. 그들에게 친절과 예의는 남을 속이기 위한 무기다. 그걸로 자신을 포장해서 남에게 신뢰를 산다. 그리고 그 호감과 신뢰를 자기 이익에 철저히 이용한다. 자신이 뜯어 먹을 사냥감 대상인 사람에게 선물도 하고 호의도 베푼다. 세상 사람들에게 엄청난 칭찬과 인정을 받는다. 사람들은 그렇게 친절하고 진실한 사람이 없다고 말한다. 그들은 사람들의 평판에서 좋은 인기를 얻는다. 그게 그들의 연기다.

다른 이를 속이고 뒤통수치고 돈을 빼앗는 것을 예술이라고 칭하고 자신의 사그러기 행각을 범죄로 여기지 않는다. 들켜도 발뺌하고 당한 이를 되려 어리석다고 비방한다. 양심이 1도 없다. 그저 그렇게 살아온 인생들이다. 자기 자신에게도 사기를 치며 아무 것도 아닌데, 자신을 대단한 존재로 포장한다. 부모자식 간에도 의리나 염치를 내보이지 않는다. 조금만 지나도 들통날 거짓말을 대놓고 한다. 그런데 잘 모르는 사람이 보면 참 차분해 보이고 건실하게 느껴진다.

이유 없는 친절은 없다고 봐야 한다. 가만히 있는데도 나에게 친절한 이는 경계해야 한다. 나에게 무언가 속셈을 갖고 있는 것이다. 호의를 너무 평가절하 하는 거라고 얘기하는 사람도 있다. 그러나, 험난한 세상에서 의심하고 확인하는 건, 꼭 필요한 행동이다. 그래야 이 세상을 안전하게 살아갈 수 있다. 겉으로 친절하게 포장하고 사람들을 뼈까지 다 발라서 먹는 하이에나들이 넘쳐나는 세상이다. 그래서 더욱 경계해야 한다.

도리어, 까칠하고 깐깐한 사람일수록 진실될 가능성이 높다. 그들은 자기 생활에서 기준 이하인 경우를 용납하지 않는다. 겉치레로 좋게 말하지 않는다. 직설적이다. 그래서 사람들이 힘들어할 수도 있다. 그런데 보통의 경우 이런 사람들은 평판이 좋지 못하고 불편하다고 평가 받을 수도 있다. 그러나 그런 사람들이 되려, 내게 도움이 되는 사람일 수 있다. 그러니, 진짜 친절과 가짜 친절을 구분할 줄 아는 안목이 있어야 된다.

가장 가까이 있는 이들을
겁내야 한다

가장 가까이 있는 이가 등을 돌리면 가장 무서운 적이 된다. 가까운 지인들은 내 사정을 너무도 잘 안다. 그래서 그들이 하는 말에 쉽게 넘어갈 수 있다. 그러므로 속내를 전부 다 드러내는 건 위험하다. 언제든 경계하고 조심하며 살아야 된다. 가장 가까운 이가 가장 두려운 존재가 된다. 내 안의 많은 것들을 그가 다 알고 있기 때문이다.

이번 2020년부터 22년 사이에 난다 긴다 하는 많은 이들이 걸려들었다. 고소득 중산층들이 무리하게 빚을 졌다. 사기 당한 이들도 많다. 감당 못 할 정도로 걸려들었다. 10억, 20억을 쉽게 빌렸다. 연예인 임 모 씨는 얼굴마담으로 동원되고 자기 재산도 날려 먹었다. 월 이자를 10% 이상 준다는 말에 속아 5억, 10억을 갖다준 여자 연예인도 있다. 이렇게 신분증 갖다 바치고 전 재산 날린 이들도 많다. 돈이란 돈을 다 당겨서 넣었는데 거의 다 날리는 수준이 되었다. 그냥 패가망신이다.

세상에 믿을 놈 없다. '개미에겐 사기 쳐도 된다. 뒤통수쳐도 된다.

원래 어리석은 이들이고, 내가 사기 치지 않으면 다른 누군가가 사기 쳐서 돈을 가져갔을 거라고 말한다.' 그렇게 사람을 사람으로 보지 않고 도구로 본다. 그래서 '한강 정모', '개미핥기' 이런 용어를 뻔뻔하게 사용한다. "당한 놈이 병신이다."라고 말한다. 그러면서 사기 친다. 안 걸리고 해 먹고 부자 될 수 있다고 마음 먹는 악인들이 너무 많다. 그들은 자신의 가족이나 친척, 친구도 다 이용 대상으로 대한다.

우리네 인생이 무시, 멸시, 억압, 착취 이런 것에 일상화 되어 있어서 조금이라도 희망이 보이면 거기에 매달리려고 한다. 자신에게 잘해주는 사람이 잘 없어서 조금만 잘해줘도 금방 넘어간다. 대기업에서 임원으로 지내다 퇴직하고 공직에서 고위직으로 지낸 이들이 가장 많이 사기 당한다. 프랜차이즈 가맹점 하면 돈 번다. 상가 분양 받으면 돈 번다. 뭐, 다 돈 버는 길이 차고 넘친다고 말하면서 꼬드기고 다 빼앗아 간다. 가장 가까운 이들이 그런 짓을 벌인다.

그래서 더욱 가까이 있는 이들을 겁내야 한다. 도리어 항상 의심하고 경계해야 한다. 그렇게 살아야 안전하게 지낼 수 있다. 정말 좋은 기회라면 자신이 하지, 남에게 권하지 않는다. 그게 세상 이치다. 가장 가까운 지인에게 이런저런 상담도 하고 고민도 털어 놓는다. 자기 말을 잘 들어주는 지인이 그러다가 투자 운운하며 말을 꺼낸다. 내게 사기 치겠다고 작업 거는 것이다. 그러므로 절대로 가까운 이들과는 돈 거래, 투자는 안 하는 게 좋다. 참 무서운 세상에 살고 있는 것 같다.

판사, 검사도 당한다

한때 한국에서 보이스피싱은 주목받는 범죄가 아니었다. 피해자가 속출해도 판사, 검사들은 별로 신경 쓰지 않았다. 한심한 부류들이 당하는 거라는 인식이 있었다. 그러나, 어느 날 판사가 보이스피싱을 당했다. 열 받은 판사는 보이스피싱 범죄자를 잡아 넣겠다고 길길이 날뛰었다. 그 뒤부터 보이스피싱에 대한 수사가 활발해졌다. 이는 판사, 검사같이 법을 잘 아는 이도 쉽게 사기 당할 수 있다는 걸 알려준다.

사기를 당해도 실제로 기소되는 건 20%가 채 안 된다. 그리고 사기 당한 이들이 피해금액을 회수하는 것도 힘들다. 사기 당해도, 사기꾼을 처벌하기 어렵고 피해자들은 복구가 힘들다. 사기를 당하면 인생 전부 다 송두리째 뿌리가 뽑혀서 극단적인 선택을 하는 이들도 많다. 어떻게든 사기 당하지 않게 예방하는 게 최선이다. 사기 피해금액 회수율이 4%밖에 안 될 정도로 재산상 복구는 거의 어렵다고 봐야 한다.

사기꾼들 중에서는 검사, 판사를 상대로 사기 치는 놈들도 있다. 그들이 항상 하는 말이 있다. '왜 사람을 못 믿느냐'라고 단골 메뉴처럼 얘기한다. 그러나 그렇게 말하는 놈들은 되려 못 믿을 인간 말종이다. 사람들의 마음을 약하게 만들고 연민과 친밀함을 이용한다. 상대방의 약점을 귀신같이 파악하고 파고든다. 처음에는 소액으로 신뢰관계를 쌓고 나중에 큰돈을 빌려가서 잠적한다. 제도상의 헛점을 너무 잘 안다.

판사, 검사도 당할 정도라는 건, 대한민국 웬만한 똑똑한 이들도 다 걸려들 수 있다는 의미다. 그러므로 항상 증거를 남기고, 또 조금이라도 이상하면 기록해둬야 한다. 휴대폰 문자, 카카오톡 내용 하나도 소홀히 해서는 안 된다. 핸드폰 녹취도 고려해 둬야 한다. 그래야 언제든 활용할 수 있다. 나는 절대 당하지 않는다는 확신은 안 하는 게 좋다. 나도 당할 수 있다는 생각으로 대비해야 한다.

사기꾼들도 점점 고도화되고 전문화된다. 얼핏 얘기 들으면 다 맞는 것 같다. 그들이 하는 말의 대부분은 진실이다. 아주 작은 일부분을 거짓으로 말한다. 그리고 상대방을 급하게 만들고 겁먹게 해서 도장 찍게 하고 돈을 가져오게 만든다. 사람의 심리를 너무 잘 간파하고 이용하는 그들을 이기려 들지 말아야 한다. 안 걸려들게 최대한 경계하고 가족과 상의하고 물어보고 무슨 일이든 결정해야 한다. 그래야 사기를 피할 수 있다.

작정하고 덤비면
거의 다 당한다

　사기꾼들은 매우 친절하고 유혹적이다. 그들은 사람들에게 호감을 잘 얻는다. 항상 사려 깊고 입이 무겁고 신뢰감이 넘친다. 그렇게 사람들에게 신의를 얻는다. 눈앞에서 대놓고 사기 치는 놈들은 그래도 위험도가 덜할 수 있다. 정말 무서운 이들은 오래오래 곁에서 지켜보면서 사람을 영원히 파멸로 몰고 간다. 가진 것을 전부 다 빼앗는다. 아예 뼈도 못 추릴 정도로 만든다. 그럴 작정을 한 사람만큼 무서운 이는 없다.

　그래서 항상 낮은 자세로 지낼 궁리하고 더 조심해야 한다. 조심하는 게 항상 필요한 대한민국이다. 업계가, 정부가 교묘히 사람들의 뒤통수를 친다. 그래놓고 어쩔 수 없었다고 말한다. 전관예우의 나라여서, 아무리 사기를 쳐도 고액 변호사 사서 대응하면 형량이 줄어들고 나중에는 집행유예를 받는 경우도 많다. 그래서 사기 범죄가 줄어들지 않는다. 기득권들이 사기와 연루되어 있는 경우가 많아서 그들이 굳이 형벌을 강화시키려 하지 않는다.

　사기꾼들이 작정하고 덤비면 거의 다 당한다. 그게 불편하지만 현실이다. 이런 현실을 극복하는 법은 다름 아닌, 느리게 움직이고 판단을 유보하고 지금 아니어도 된다는 식으로 행동해야 한다. 그런 모습은 사기꾼들이 제일 싫어하는 이들의 행동이다. 자꾸 재촉하면 집에 가서 가족과 상의해야 결정할 수 있다고 말하면 된다. 그러면 상대방이 엄청 짜증 낼 수도 있다. 그런데 그게 안전한 법이다. 서두르지 않고 느린 사람들을 사기꾼이 제일 싫어한다. 그러니 사기꾼들이 싫어하는 모습을 해야 한다.

사기꾼들이 좋아하는 이들은 거의 다 비슷하다. 화려하고 욕심 많고 감투에 잘 끌리는 이들이다. 그들은 지금 보다 더 나은 신분을 원하고 돈을 바란다. 그래서 그런 그들의 욕심을 사기꾼들이 잘 파고든다. 그리고 조급하게 만든다. 지금 아니면 안 된다고 말하면서 교묘히 서두르게 만든다. 그러나, 그게 그들의 시나리오다. 이번 버스가 지나가면 다음 버스는 또 온다. 이번이 마지막이라는 말은 믿지 마라. 거짓말이다.

사기 당하지 않기 위해서는 욕심을 버리고 답답하고 뻔한 현실을 감사히 받아들여야 한다. 누군가 나에게 자판기 커피 한 잔을 선물하는 일이 드물다. 그게 진짜 모습이다. 그러므로 누군가가 나에게 호의를 베풀면 그에 대한 보답을 최대한 빨리 하는 게 좋다. 그래야 그의 요구를 당당히 거절할 수도 있고 얽매여 지내지 않을 수 있다. 누가 나에게 큰돈을 벌 기회를 가져다준다고? 그건, 당신을 호구로 보고 막 던지는 미끼다. 그런 미끼에 걸려들면 답이 없다. 걸려들지 않기 위해 보수적인 행동과 사고를 해야 된다.

안 만나고
안 엮이는 게 최고다

　안 만나고 안 엮이면 일이 벌어질 가능성이 줄어든다. 사기 당할 가능성을 최소화해야 한다. 코로나 이후 비대면 사회가 늘고 있다. 비대면일 때, 사기꾼들이 제일 힘들어했다고 한다. 사람을 만나야 사기를 치는데, 안 만나니 더 어려워졌다는 것이다. 이처럼 현대 사회에서 굳이 낯선 사람을 만나고 인간관계를 늘리는 게 좋은지 여부는 생각해볼 필요가 있다. 되려 오래된 사람들과 만나고 신분이 확실한 사람이 아니면 안 보는 게 최고다.

　낯선 이들을 철저히 경계해야 한다. 오래된 사람들을 곁에 두지 않고 항상 새로운 사람을 찾아 다니는 이들은 한 번쯤은 의심해 볼 필요가 있다. 낯선 이들이 베푸는 친절, 밥 한 끼, 커피 한잔이 어떤 일로 비화될지 모른다. 그래서 항상 거리를 두는 게 좋다. 사람들은 무슨 일에든 젖어든다. 자주 만나다 보면 그와 편해지고 나도 모르게 속내를 털어놓게 된다. 그러다가 사기꾼과 엮이게 된다. 한 번, 두 번 신뢰를 주고 난 뒤에 더 크게 이용해 먹는 게 사기꾼들이다. 그들에게 내 인생을 빼앗기는 일이 생길 수 있다. 어떤 일이 기다리고 있을지 모른다. 그러므로 낯선 사람을 가까이하지 않아야 한다. 함부로 낯선 이의 호의를 받아들여서는 안 된다. 그랬다가 큰 사기에 걸려든다. 대놓고 사기 치겠다고 모임을 만드는 이들도 있다. 부동산 재테크, 주식 투자 모임 등에서 그런 사기가 벌어진다. 투자라는 이름으로 하기 때문에 사기로 고소해도 인정 안 되는 경우가 허다하다.

사기꾼들 세계에서는 의사 1명 알면 10억은 그냥 번다는 말이 있다. 명절 때마다 상품권 갖다주고, 비싼 음식 접대하고 온갖 감언이설로 유혹한다. 조금만 떠받들어주면 그냥 다 내놓는다고 얘기한다. 대체로 의사 등 신분이 확실한 이들은 남들이 알아서 고개 숙이기 때문에 대접받는 것에 익숙하다. 그리고 그런 그들의 습성을 사기 치려는 이들은 잘 안다. 그래서 그들이 바라는 바를 잘 들어준다. 그들은 가까워지고 편해지기까지 기다린다. 상대방이 자기들에게 마음을 다 열 때까지 기다린다. 그리고 뒤통수친다.

사기꾼들에게 교장, 교감, 군인, 고위직 공무원, 대기업 임원 출신의 사람들은 그냥 먹잇감이다. 착실히 일하고 열심히 공부한 엘리트들이 도리어 사기를 잘 당한다. 그들은 현직이었을 때, 힘을 부릴 수 있는 입장에 있었다. 그리고 자신들이 대단한 존재라고 착각했다. 그걸 잘 아는 사기꾼들이 더욱 만나고 싶어 하고 엮이려고 한다. 함부로 낯선 사람을 만나고 엮이지 않는 게 최고다. 그게 삶을 지키는 가장 일반적인 모습이다.

사기 당하면 돈도 잃지만, 마음도 다친다

통상 사기는 가까운 사람에게 당한다. 자신이 믿었던 사람에게 뒤통수 맞고 매우 힘들어지는 경우가 많다. 사기 당하면, 돈을 잃어서 경제적으로 매우 힘들다. 그런데, 가까운 사람에게 당하면, 돈만 잃는 게 아니라, 마음도 크게 상처를 입는다. 사람에 대해 환멸감을 느끼고 충격에 빠져서 정상적인 생활로 되돌아오는 데 시간이 오래 걸린다. 그래서 한동안 정신 못 차리는 이들이 많다. 그래서 최대한 사기 당하지 않게 유의해야 한다.

돈을 잃어서, 복구하는 것도 꽤 오랜 시간이 걸리지만, 마음이 다치는 것은 치유하는 데에 더 오래 걸린다. 어쩌면 평생을 사람에 대한 불신, 의심을 갖고 살게 될지도 모른다. 적지 않은 기간 동안 마음을 터놓고 지내고, 위로받고 격려하며 지냈던 시간이 전부 부정당하게 된다. 그동안 친근해지고, 마음을 나눴던 게 실제로는 나를 뒤통수쳐서 이용해먹으려는 연기였다는 걸 알게 되면 더욱 견디기 힘들다.

내가 얼마나 바보, 등신 같았는지, 자괴감을 느끼게 되고 스스로를 한심하게 여기게 된다. 억울하기도 하고 창피하기도 해서 누군가에게 말도 제대로 하기 어려워진다. 다른 누군가가 나에게 친절을 베풀고, 다정하게 다가오면, 바로 의심부터 하게 된다. 무슨 꿍꿍이가 있어서 저렇게 밝은 표정을 하는 거라고 생각하게 된다. 어쩌면 그래서, 경계하고 대비할 수 있을 것이다. 그러나, 그런 위험을 피하는 요령은 알게 되지만, 그 때문에 잃게 되는 것도 분명 있는 것 같다.

그런데, 어쩌겠는가. 이미 그러한 사기 사건을 겪었다고 하면 최대한 스스로의 마음을 치유하기 위해 애써야 한다. 그게 아니고서는 정말 해법이 없는 것 같다. 사기 당해서 힘들어진 마음이 치유되는 데에는 시간이 제법 필요하다. 그래서 달리기든 뭐든 운동하며 최대한 움직이는 게 좋다. 어딘가에 집중하고 지내야 힘들었던 일들이 조금씩 무디어질 수 있다.

사기 당하면
수십 년 인생이 사라진다

사기 당하면 수십 년 인생이 사라진다. 사기 당해서 빚진 돈을 갚는데 꽤 오랜 시간이 걸린다. 수십 년간 고생하며 모은 돈이 3억이 있다고 치자. 그런 피 같은 돈을 투자하면 매달 500만 원씩 수익이 생기게 해준다는 말에 혹해서 넘어간다. 1년 안에 2배로 돈을 불려준다는 말에 돈을 갖다 바친다. 그런데, 좀 지나면 그게 사기라는 얘기가 들리고, 사람은 사라진다. 그러면 수십 년간 고생한 게 다 허사가 된다. 그리고 멘탈이 나가게 된다.

그나마 가진 돈을 다 털리면, 억울하게 답답해도 다시 0에서 시작한다는 마음을 먹을 수도 있다. 그런데, 모은 돈 3억뿐 아니라, 돈을 더 빌려서 갖다준 거라고 하면 얘기는 달라진다. 내 돈 3억에 빌린 돈 3억을 더해서 6억을 주고, 사기 당했다고 하면, 빌린 돈 3억을 갚아야 한다. 그러면, 통상 죽을 때까지 일해도 빌린 돈 3억을 못 갚을 수도 있다. 거의 인생이 다 사라진 거라고 보면 맞다. 꽤 무서운 얘기다. 그런데 이런 일이 너무 많이 벌어지고 있다.

그러므로 더욱 더 사기 당하지 않게 조심해야 된다. 조심, 또 조심하며 살아야 한다. 퇴직하고 무슨 일을 해야 할까 고민할 때, 친근하게 다가오는 사람을 가장 멀리해야 한다. 그들이 사기 치는 악인이 될 가능성이 크다. 도리어, 까칠하게 대하고 깐깐한 이들이 더 나은 사람일 수 있다. 쓸데없는 욕심 부리지 말라고 쓴소리로 혼내는 사람이 더욱 내게 귀인일 수 있다. 남에게 함부로 친절을 바라서는 안 된다. 친절, 호의가 사기의 첫걸음이다.

보통 사기를 당하면 몇억을 날리는 게 다반사다. 몇억은 보통의 사람들이 수십 년 걸려서 모은 돈일 수도 있고, 또 빌린 돈일 수도 있다. 그런데 그 돈이 눈앞에서 사라지게 되면 그 사람의 인생도 몇십 년 치가 같이 사라지는 것이다. 그래서 더 조심하라고 말하는 것이다. 사는 게 안 쉬운데, 쉽게 얘기하는 사람, 물 흐르듯이 아주 매끄럽게 얘기하는 사람을 경계해야 한다.

살면서 뜻대로 안 되는 것을 80, 원하는 대로 풀리는 것을 20이라고 생각하며 지내는 게 좋다. 그렇게 기본값을 설정하고 살면 나을 수 있다. 대부분의 일은 내 바람대로 흘러가지 않는다. 내가 무언가를 이루려고 하면 방해, 훼방이 생기는 게 당연하다. 그런데 내가 어디에 투자를 하는데 너무 자연스럽게 돈이 들어온다. 그러면 거의 대부분 사기다. 가짜라는 말이다. 너무 일이 잘 풀리면 누군가 조작한 것일 가능성이 크다. 그러므로 항상 의심하고 경계해야 한다. 그래야 당하지 않는다. 인생이 한 방에 탕진되는 걸 막을 수 있다.

사기꾼들은 매력적이고,
미남 미녀가 많다

　사기꾼들은 대체로 매력적이다. 잘생기고, 이뻐서 사람들에게 자신의 매력을 잘 어필한다. 이쁘고 잘생겨서 거만할 법도 한데 의외로 털털하고 사람들에게 더 친근하게 잘 다가간다. 자신이 매력 있는 사람이라는 걸 잘 안다. 그리고 그 경쟁력을 갖고 사기를 친다. 잘 생겨서, 예뻐서 사람들이 잘 믿는다는 걸 이용한다. 상업광고에서 왜 미남, 미녀를 모델로 내세우겠는가. 사람들을 현혹시키고 유혹하는 것이다.
　그들은 사람들의 마음을 잘 사로잡는다. 그들과 가까이 친해지고 싶고 그들처럼 되고 싶다고 말하는 이들이 많다. 주변에 인심도 후하고, 잘 챙겨준다. 저렇게 좋은 사람이 또 있을까 싶을 정도로 정말 자상하고 세심하다. 사람들의 마음을 사는 데 천부적이다. '나도 혼자서 애들을 키워서 여자 혼자 돈 버는 게 얼마나 힘든지 안다', '그래서 너도 꼭 도와주고 싶었다.' '동생 같아 보이고, 힘든데 너무 열심히 사는 게 안타까워 보였다' 등등 남을 위로하고 펑펑 울게 만들 정도로 연기도 끝내주게 잘한다.

생일도 챙겨주고, 케이크 쿠폰도 보내주고, 명절 때면 선물도 주고, 항상 곁에서 자상하게 잘 챙긴다. 냉정한 듯해도 속으로 챙겨주는 분위기도 잘 연출한다. 저렇게 입이 무겁고 우직한 사람이 있을까 싶을 정도로 남들에게 잘한다. 그래서 교회 목사들 중에 사기꾼들이 많다. 사람들의 어려움도 잘 알고 있고, 사람들 곁에서 온갖 위로와 격려를 다 해주는 이들이어서, 사람들이 무한 신뢰를 보내는 경우가 많다. 그래서 돈을 알아서 갖다 바치기도 한다.

사람에 대해 파악하기 위한 노력도 많이 한다. 공부를 열심히 한다. 세상이 어떻게 흘러가는지 뉴스를 부지런히 찾아서 본다. 지금의 트렌드도 잘 파악한다. 세상에 뭐가 뜨고 인기 있는지도 잘 안다. 그래서 사람들이 어디에 관심을 갖고 있고 무엇을 좋아하고 무엇을 싫어하는지도 알고 있다. 그러므로 사람들이 혹할만한 얘기를 잘 풀어낸다. 자연스럽게 사람들이 그 사기꾼에게 모여든다.

그들은 사기 치는 것도 예술이고 작품을 찍는 연기자의 마음으로 임한다고 개소리한다. 그만큼 공을 들인다는 것이다. 사람들의 일거수일투족을 파악하고 그들이 무엇에 목말라 하고 무엇에 어려움을 갖고 있는지도 잘 안다. 그리고 속내도 잘 드러내지 않는다. 그리고 사기 치는 대상에게 엄청난 노력을 들인다. 그렇게 그들이 사기를 치는 것이기에 웬만한 보통의 사람들은 거의 대부분 다 걸려든다. 그걸 명심해야 된다.

남에게 말하면 안 된다고 말하면 사기다

'이 투자는 남들이 알면 안 된다.' '나와 당신만 알고 있어야 한다', '남에게 말해서 소문이 나면, 이만한 수익을 못 낸다' 이렇게 말하면서 비밀을 지켜야 한다고 말한다. 그러면 이것도 사기라고 생각해야 한다. 남들은 모르고 있는데 나만 알고 있는 비밀, 이런 거는 세상에 없다. 내게 말해주는 그가 알고 있고, 내 귀에 들린다고 하면 이미 남들이 다 알고 있는 사실이거나, 거짓, 조작, 사기라고 보면 맞다.

세상 그 어디에도 아주 솔깃한데, 기가 막힌 정보가 있다? 아니다. 없다. 정말 그런 정보를 이용해서 투자해서 돈을 벌면 그 자체가 범죄가 될 가능성이 크다. 그러니 믿지 마라. 그런 정말 대박 정보는 나에게 안 오는 게 맞다. 내가 엄청난 영향력을 가진 사람도 아니고, 누가 나에게 엄청 잘 보여야 할 이유도 없다면 아예 그런 말은 잊어버리는 게 최고다.

'정말 딱 하나 남았는데, 너에게만 알려줄게. 다른 사람에게 말하면 안 된다.' '어느 지방에 어느 땅이 정말 무조건 오르는 건데, 이번에 입수한 정보다.' 그러면, 사기라고 봐야 한다. 파격적인 고수익을 얘기하면 절대로 믿으면 안 된다. 코인, 비상장 주식을 얘기하며 권유하면 의심해야 한다. 돈이 되면 자기가 하지, 남에게 권하지 않는다.

함부로 남에게 말하지 말라고 하는 그는 아마도 조용히 다른 여러 사람에게 그렇게 말하고 다녔을 것이다. 그렇게 듣는 사람들만 착각한다. 자기만 알고 있다고. 그런데 실제로는 당신을 호구로 보고, 그렇게 말한 것이다. 절대로 잊으면 안 된다. 나만 아는 고급 정보 따위는 없다고. 그렇게 믿고 착각할 뿐이다.

사기를 당했는데도 잘 드러나지 않는 경우가 많다. '아무도 모르게 해야 한다.' 이런 말을 철썩같이 믿고 조용히 혼자 알고 혼자서 사기꾼에게 돈을 건네기 때문이다. 그런 일이 생각보다 많다. 사기꾼이 사기 친 게 밝혀져도 못 믿겠다고 말하는 이들이 있을 정도다. 대체로 남에게 말하면 안 된다는 얘기는 우리들과 가까운 사람이 많이 한다. 그런데 세상 그 어디에도 남들이 모르는 비밀 따위는 없다고 생각해라. 내게 들리면, 남들도 다 알고 있고, 이미 정보가 아닌 뻔한 일이 된다는 걸로 인정해야 한다. 그래야 안전해질 수 있다.

제10장

가늘고, 길게, 멀리 내다본다

안전을
최우선으로 삼는다

    안전하게 살아야 한다. 안전해야 마음이 진정되고 하려는 일에 온전히 집중할 수 있다. 차분히, 내 인생을 설계할 수 있다. 무엇보다 가정이 평온해야 한다. 가족들 중 아픈 사람 없고 무탈하게 지낸다는 것만으로도 감사해야 한다. 가정에 문제가 있으면 밖에 나가서 일에 집중할 수 없다. 가화만사성이 중요하다고 어른들이 괜히 얘기하는 게 아니다. 그리고 가정뿐 아니라 자신이 속한 최소한의 조직 집단도 탄탄해야 한다. 그래야 무슨 일이든 제대로 하고 성과를 만들어 낼 수 있다.

    그리고, 개인은 빚지지 않고 금전적으로 안정되어 있어야 한다. 경제적인 부분이 갖춰져 있어야 무슨 일에든 자신감을 갖고 일에 집중할 수 있다. 매달 생활비를 마련해야 되는 처지면, 시간을 갖고 무얼 할지 고민할 여유도 없다. 금전적으로 돈이 부족해서 생활이 쪼들리면 위축될 수밖에 없다. 또한 빚지고 있으면, 괜히 이자 내는 날이 밀리거나 원금을 제대로 못 갚게 되면, 쫓기게 된다.

눈치 보고, 고개 숙이고, 마음이 움츠러든다. 그러므로 함부로 빚 지지 말아야 한다.

또, 건강해야 한다. 가족 중에 아픈 사람이 있으면 정신적으로나, 경제적으로 힘들다. 마음이 불편해서 일에 집중할 수 없다. 항상 근심 걱정이 떠나가지 않는다. 항상 긴장하게 되고 다른 사람의 눈치를 살피게 된다. 제대로 일할 수 없어서 스스로 위축된다. 마음을 놓지 못하기 때문에 온전하게 무언가에 집중하기 어렵다. 딴 데 신경이 항상 가 있기 때문이다. 더군다나 아픈 사람이 나 자신 이라면 더욱 일에 집중하거나 생계를 책임지기 어렵다. 그러므로 건강을 제일 관리해야 한다.

마음이 편안해야, 무엇에든 집중할 수 있는 법이다. 그러므로 경제적으로, 신체적으로 건강하고 또 가족이나 동료들과의 관계가 무난해야 한다. 그래야, 내 일에 집중하고 내 일상이 평온해진다. 그리고, 미래를 대비할 수 있는 시간을 가질 수 있다. 현재의 안락함이 언제나 허락되지 않기 때문에, 항상 다음 단계를 궁리해야 한다. 머릿속으로 생각만 할 게 아니라, 실질적인 행동으로 내보여야 한다. 그래야 나의 미래를 만들어 갈 수 있다.

나의 다음 단계를 위해 내 시간을 낸다. 그게 필요하다. 처음에는 아주 적은 시간이어도 된다. 그렇게 시작한다. 그리고 차츰차즘 습관으로 만들고 시간을 늘려간다. 그렇게 내가 키우고 싶은 내 재능을 다듬는다. 그러면 분명 내가 바라는 미래의 모습을 만들어 낼 수 있을 것이다. 물론, 지금 당장 내가 안전하게 살 밑바탕이 되어야 가능한 일들이다. 경제적으로든, 건강에 관해서든, 가족에 대해서든 걱정이 없어야 가능하다.

모험하면
안 된다

　함부로 인생에 모험을 걸면 안 된다. 특히나 경제적인 부분은 더욱 보수적으로 관리해야 한다. 어디에 투자해서 큰돈 벌겠다고 욕심부렸다가 돈을 잃으면 인생을 날리는 것과 같다. 함부로 프랜차이즈 가맹점에 가입하여, 수월하게 매장을 운영할 생각을 해서도 안 된다. 여기저기 하이에나처럼 뜯어 먹으려고 어슬렁거리는 악인들이 너무 많다. 그리고, 돈은 우리네 인생 전반을 좌지우지하는 아주 중요한 요소다. 그래서 더 보수적으로 결정해야 한다.

　한 번 삐끗해서 저 아래로 떨어지면 다시 올라오지 못한다. 10번 중에 8~9번을 잘해도 1번 실수하면 추락하게 된다. 그래서 항상 조심해야 된다. 인생을 도박판과 같은 일에 내맡기면 큰일 난다. 돈은 항상 제일 마지막에 꺼내야 하고 가족들과 항상 상의하면서 신중함을 보여야 한다. 이번 결정을 못 하면 영영 기회가 오지 않을 것 같을 때에 더 차분해져야 한다. 궁지에 몰려서 하는 결정이 제대로 된 결과를 가져오는 일은 없다. 절대로 잊지 말아야 한다.

투자라는 이름으로 너무 한 곳에 다 쏟았다기 전부 잃으면 끝이다. 그래서 분산 투자를 얘기하는 것이다. 사업이든, 투자든 뭐든 간에 돈을 내놓는 데에 심사숙고하는 건, 좋은 모습이다. 단숨에 큰돈을 벌면 좋겠지만, 그만큼 리스크도 큰 법이다. 여차했다가는 가진 것 모두 다 털릴 수 있다. 그러니 모험해서는 안 된다. 그리고, 꾸준히 푼돈을 저축해서 돈을 마련하는 습관을 갖춰야 한다. 그래야 예기치 못한 일이 생겼을 때, 삶이 휘청거리는 것을 방지할 수 있다. 그래서, 매월 수입이 들어오면, 저축부터 하고 나머지 것을 할 생각을 해야 한다.

물론, 저축은 매우 지루하고 뻔하다. 수익률도 정해져 있고, 자산이 늘어나는 재미도 없다. 저축해서 돈을 모으는 게 매우 어리석어 보이기도 한다. 요새 누가 저축을 하나? 주식이나 부동산을 하지, 아니면 코인을 하든지 말이다. 이렇게 얘기하는 이들이 많다. 그런데, 그러는 건, 아주 적은 돈으로 젊을 때나 할 수 있는 것이다. 나이 들어서 모험하면 인생을 다 잃어버릴 수도 있다. 그러니 정말 조심해야 한다.

대부분의 사람들이 무리하게 투자했다가 빚지면, 예전 삶으로 회복하지 못하고 몰락한다. IMF 경제 위기 때 몰락했다가 아직도 복구 못 하고 허덕이며 사는 이들이 있다. 그러므로 정말 정말 조심히 움직여야 한다. 부자로 살고 싶고 남들보다 더 근사하게 인생을 꾸려 나가고 싶다. 그런데 착각하면 안 된다. 멋있고 우아해 보이고 고급스러워 보이는 것들 중에는 가짜가 많다는 것을. 수월하게 대박을 가질 수 있다고 말하면 그건 거짓이다. 명심하며 살아야 한다.

천천히 오래
축적한다

 우공이산, 어리석은 노인이 산을 옮긴다는 의미다. 모두들 비웃었지만 그가 결국에는 산을 옮겼다. 그게 그 우화의 교훈이다. 어리석은 노인처럼 우직하게 지내는 이가 가장 오래오래 잘 먹고 잘 살 수 있다. 우리 사회에서는 100명 중 1~2명이 살아남는다. 군대에 하사관으로 들어가서 주임 원사 되는 이는 극소수다. 그러나, 그 부대의 터줏대감이 되면 장군도 함부로 못 한다. 베테랑이고 그 부대의 살림꾼이기 때문이다. 그처럼 오래오래 머무는 것도 좋은 방법이다.

 새로운 길을 개척해서 성공할 확률은 정말 낮다. 그래서 한 길을 걷는 게 낫다. 한 길을 가다 보면 행운이 올 가능성이 크다. 보통의 사람들이 잘될 수 있는 길은 천천히 오랫동안 지속하는 것이다. 경쟁이 심한 현실에서 천재들보다 잘되기 위해서는 더 오래 하고 더 도전하는 길뿐이다. 물론, 보통 사람이 자기 자리 지키는 것도 어렵다. 부자들은 되려 부자인 티를 내지 않고 늘 빈곤하게 살고 아주 작은 것도 절약하며 산다. 일도 더 열심히 한다. 우직하게 바보처럼 자기 생업에 최선을 다하는 이가 더 잘 된다.

바보처럼 열심히 일만 하는 이들은 돈 쓸 시간도 없고, 재테크 할 시간도 없어서 돈이 모인다. 그저 돈 버는 일에만 매달리는 이들이다. 그래서 그들이 경제적으로 여유가 생긴다. 재능을 키우는 것도 마찬가지다. 여기 기웃 저기 기웃거리는 것보다 자기 생업에 좀 더 정성을 쏟고 계속 집중하면 잘될 수밖에 없다. 오래 머물면서 더 신경 쓰면 내공이 축적되기 마련이다. 시장을 남들보다 더 많이 관찰하고 많이 겪다 보면 여러 가지 대응 방법이 축적될 수밖에 없다.

똑똑하고 머리 잘 굴리는 이가 인생의 승자가 되고 조직에서 높은 자리를 차지할 것 같지만, 그렇지 않다. 그보다는 우직하게 버티는 이가 자리매김을 한다. 나는 모자란 사람이다. 그래서 좀 더 집중하고 더 노력해야 된다. 이런 마음으로 살면 인생이 펴질 것이다. 모르는 것은 모른다고 인정하고 더 알려고 애쓰고 더 공부하면 잘 될 것이다. 그렇게 겸손하게 지내면 주변에 사람이 몰릴 것이고, 또 유연하게 상황을 바라보는 안목도 생길 것이다.

바보처럼 사는 사람이 세상을 움직이고 주인이 된다. 똑똑한 이들은 알아서 무너진다. 남이 뭐라고 하지 않아도 알아서 자신이 인정받지 못하고 쓰임 받지 못한다고 생각하고 뛰쳐 나간다. 혹은 잘나가면, 자기 능력을 더욱 과신해서 일을 더 크게 벌여서 스스로 몰락한다. 그러므로, 내 힘을 기르고 더 배우는 데 집중한다. 부지런히 일하며 자리 잡아가는 사이에, 경쟁자들은 알아서 나가 떨어질 것이다. 경쟁자들이 조급한 마음으로 서두르다가 스스로 몰락한다. 그러니, 천천히 느리게 움직이며 더 심사숙고해야 할 것이다.

나만의 속도로
나의 정상을 향해 간다

　내 속도는 내가 가장 잘 안다. 언제 쉬어야 하고 언제 속도를 좀 더 올려야 되는지 안다. 그러니, 전문가라 불리는 이들의 말에 따르지 않아도 된다. 그저, 내 스스로 나를 잘 살피며 움직이는 게 최고다. 지금 내가 슬럼프인지, 내가 속도를 더 내야 할 때인지를 잘 안다. 그러므로, 내 속도를 내가 조절한다. 그렇게 해야, 내가 바라는 정상에 도달할 수 있다. 지금 컨디션이 별로면 조금 속도를 늦추고, 활력이 더 생기면 속도를 좀 더 올리면 된다. 그렇게 조절해가며 앞으로 전진해 나간다.

　그리고, 자신에게 적절한 때가 올 때까지 참고 견디며 자기 방식으로 결과를 만들어 간다. 빨리 이룬 성과는 되려 인생의 화가 되는 경우가 많다. 그보다는 참고 기다리는 힘을 바탕으로 자기 속도로 정상을 향해 가는 게 좋다. 그래야, 덜 힘들게, 무난하게 정상에 도달할 수 있다. 삶은 생각보다 긴 여정이다. 그러므로 금방 무얼 이룰 생각을 하지 않는다. 그보다는 긴 인생의 시간 안에 차분히 내 것을 축적하면 된다. 그렇게 생각하면 된다.

해리포터를 쓴 작가 조앤은 노숙만 안 했지, 거지나 다름없었다. 정부 생활 보조금을 받으며 현실을 도피하기 위해 판타지 소설을 썼다. 그녀는 50대의 싱글맘이었고 현실은 시궁창 같았다. 그러나 그녀는 포기하지 않았다. 힘든 상황 속에서도 꿋꿋이 자기만의 길을 걸었다. 이처럼 누구에게나 자신에게 맞는 최고의 운명이 있다. 그걸 잊지 않아야 되겠다. 자신의 속도로 꾸준히 앞으로 나아가면 분명 만날 수 있는 것이다. 그러므로 자기만의 일정으로, 속도로 자신의 운명을 찾아내는 게 좋겠다.

삶이 길다는 것을 인정하고, 인생의 긴 여정을 즐기는 게 좋다. 단번에 무얼 이룰 생각보다 평생 머물며 내가 무얼 축적할 수 있을지를 생각하는 게 좋다. 그래야 오래오래 지낼 수 있다. 지금 내 목표를 이루는 데 시간이 오래 걸리고 느리다고 너무 서운해 마라. 느린 만큼 더 주변을 살피며 나아갈 수 있다. 그런 만큼 더 배울 수 있다. 현장에서 머무르고 실무에 더 오래 시간을 들이면 그만큼 더 탄탄해질 수 있다. 지금 많이 경험하고 많이 느낄 수 있는 것에 감사해야 한다.

바쁘게 지내고 책임감을 갖고 산다. 내 자신에게 부끄럽지 않기 위해 움직인다. 내 자신에게 집중한다. 그렇게 내게 주어진 상황에서 내가 배우고 공부한다. 그러면 된다. 욕심은 줄인다. 묵묵히 성실하게 지내는 삶이 오래 가는 법이다. 나의 경쟁력 확보를 위해 내 시간을 갖는다. 내 속도가 더디고 느리다고 자책하지 않는다. 그보다는 꾸준히 계속할 수 있음에 감사한다. 지금의 생활을 유지하기 위해 날마다 노력하고 땀을 흘린다. 더 공부한다. 그런 삶의 자세가 늦어도 꽃을 피울 수 있는 결과를 가져다 줄 것이다. 지금 겪고 있는 과정을 감사한다. 그러면 그 과정들이 나를 더욱 단단하게 만들어 줄 것이다.

세상을 부정적으로 본다.
대비한다

전쟁 포로들 중에 긍정적으로 생각한 이들이 제일 많이 죽었다고 한다. '올해만 지나면 전쟁이 끝나고 우리는 풀려날 거야. 좀 지나면 괜찮아질 거야.'라며 희망을 가졌던 이들은 그 시기가 지나고도 아무 일이 일어나지 않을 때, 더 절망하고 더욱 충격을 받았다. 그런데 되려 부정적인 생각을 하고, 앞으로 더 힘들어질 거라고 여겼던 이들은 괜찮았다고 한다. 앞으로를 대비하고 더 조심해야 된다는 생각이 견딜 힘을 준 것이다.

지극히 현실적으로 생각하고 다소 부정적인 인식을 갖고 있는 게 견디는 데에 도움이 된다는 뜻이다. 부정적인 사고는 험한 세상을 살아가는 데 매우 현실적인 모습이다. 부정적이기 때문에 미래를 더 잘 맞이할 각오를 하고 준비를 할 수 있다. 그러므로, 부정적인 사고를 마냥 안 좋게 볼 필요는 없다. 가게 망하고 사업 망하고 회사에서 잘리는 일이 너무 많이 벌어지는 게 요즘 시대다. 그래서 힘들고 어려운 일을 겪는 게 너무 흔해졌다.

지금은 어떻게든 자기 자리 지키고 견디는 게 최고다. 참고 견디는 게 더욱 필요하다. 지금의 삶을 유지하는 걸 별일 아니고 쉬운 것처럼 말하는 이들은 아예 손절하는 게 낫다. 그리고 부정적인 사람들의 의견도 잘 경청할 필요가 있다. 그들이 무엇을 겁내고 염려하는지도 알아 놓는다. 그러면, 내게 도움이 될 것이다. 앞으로 경기 침체는 꽤 오랫동안 지속될 것이고 그 정도가 깊고 심할 것이다. 금방 나아지지 않는다. 그래서 더 조심하고 낮은 자세를 갖춰야 한다. 지금 함부로 긍정적인 생각을 갖는 건 위험하다.

가계 소득이 줄어들고 있고, 상업 부동산 공실은 더 늘고 있다. 자영업도 예전만 못하다. 사람들이 지갑을 열지 않는다. 물가가 올라서, 소득이 줄어서, 대출 이자 내느라, 더욱 힘들다. 그런데, 앞으로 더욱 시중 금리는 오를 것이다. 대기업들 상당수가 영업이익으로 대출 이자를 내지 못하는 지경이다. 이런데, 개개인들이 괜찮게 잘 지낼 수 있을까? 쉽지 않다. 먹고 사는 일이 정말 어려워진다. 그래서 더욱 대비하고 준비해둬야 한다.

직장인이라면 지금은 어떻게든 붙어 있어야 하고 나가서 일 벌일 모험하면 안 된다. 자기 일을 하는 사람들은 어떻게든 고정비 줄일 궁리를 해야 한다. 남의 말에 쉽게 내 돈을 내놓아서도 안 된다. 하던 일을 바꾸는 것도 좀 심사숙고해야 한다. 잘못했다가는 엄청 고생할 수 있다. 그러니, 좀 더 머무르고, 좀 더 보수적으로 움직일 생각을 하는 게 좋다. 혼자만의 판단으로 상황을 오판할 수 있겠다 싶으면 가족들과 상의하고 의논하는 것도 필요하다. 앞으로 경제가 더욱 암울할 것이므로 부정적인 상황을 대비해야 한다. 그래야 살아남을 수 있다.

상황은
언제든 배신한다

 좋다가도 나빠지는 게 상황이다. 오늘 통했던 게 내일 되면 뒤집어진다. 어제의 1등이 오늘은 꼴찌가 된다. 세상이 왜 이 모양일까 싶기도 하지만, 그게 현실이다. 그걸 인정하고 받아들여야 한다. 그래야 덜 힘들고 덜 어려울 수 있다. 내가 바라는 대로 상황이 순탄하게 흘러가면 좋겠다고 생각한다. 그러나 그런 일은 잘 없다. 순탄하다면 뭔가 조작이 있거나 인위적인 관여가 있는 것이다. 잘 풀릴 때를 더 조심해야 한다.

 배신당하지 않기 위해서는 외롭게 사는 것에 익숙해져야 한다. 함부로 남들과 어울리지 않는다. 혼자 지내면 쓸쓸하고 별로인 거 같지만 요즘 세상에 혼자 지내고 자기만의 시간을 갖는 건, 되려 더 건강한 모습이다. 혼자 지내는 데 적응해야 한다. 혼자 지내다 보면 내 자신에 대해 생각할 시간이 늘어난다. 내 인생을 구상하고 상황을 냉정히 판단할 수 있다. 너무 많은 사람들과 관계를 맺고 시간과 돈을 들이는 건 별로다. 이래야 한다, 저래야 한다 말하는 것에 끌려다닐 필요 없다.

　관계의 홍수 속에 있기보다는 한 발 물러서 있는 게 더 낫다. 상황은 언제든 내 바람과 다르게 흘러간다. 그러는 중에도 나를 지키려면 내가 어떻게 해야 할지를 자주 생각한다. 그러면서 내 인생을 설계한다. 내 처지가 지금보다 더 안 좋아져도 견딜 각오를 해둔다. 더 악화된 상황 속에서도 생존을 추구해야 한다. 그러려면 사람을 제일 먼저 조심해야 한다. 사람이 상황을 만들고 나를 궁지로 내몰기 때문이다. 사람을 이용하고 뒤통수치는 악인들을 경계해야 한다. 그러기 위해서는 혼자 조용히 시간을 보내며 자신을 되돌아보는 게 좋다. 남 신경 쓸 시간에 자기 자신에게 관심 갖는 게 최고다.

　바쁜 일상을 마치고 쉬는 시간에 자신을 살피고 되돌아본다. 조용히 지내면 내가 차분해지고 평온할 수 있다. 온전히 나를 다듬고 단련할 수도 있다. 낯선 사람, 새로운 사람을 많이 만나면 나의 영역이 넓어지기도 하겠지만 그만큼 치러야 하는 대가가 커지기도 한다. 배신하고 사기 치는 악인들이 내 인생에 끼어들 수 있다. 나이 든 이들이 낯선 사람을 경계하는 건 다 이유가 있다. 함부로 새로운 사람을 만나지 않는다. 의미 없는 관계를 늘리기보다는 외롭게 자신에게 신경 쓰는 게 낫다.

　자신을 드러내고 대단하다고 말하는 이들치고 배신자가 아닌

이가 잘 없다. 그들은 대놓고 남에게 피해를 주고 사기 치면서 일을 벌인다. 양심의 가책 따위는 없다. 그저 자기만 잘 먹고 잘살면 된다. 그들에겐 배신이 일상이다. 그들의 삶 자체가 거짓이고 가짜다. 남들이 어떻게 되든 1도 관심 없다. 그저 자기들만 돈 벌면 된다. 그러니, 언제든, 누구든 우리를 배신하고 뒤통수치는 악인일 수 있음을 명심해야 되겠다.

인내심이 강한 이가
더 많은 것을 갖는다

아무리 능력이 있고 돈이 많아도 수명이 짧으면, 원하는 것을 이루기 어렵다. 아프고 체력이 약하면 일에 집중하기 어렵다. 견디기 위한 힘은 곧 건강에서 시작된다. 그러니, 나의 건강을 잘 챙겨둬야 한다. 건강해야, 무엇에든 도전할 수 있고 기다릴 수 있다. 그리고 건강 위에 마음가짐을 잘 갖춰야 한다. 그게 인내심이다. 무슨 일이든 잘 하기 위해서 잘 견디고 지켜낼 수 있는 인내심이 필요하다. 인내심은 무슨 일에든 중요한 덕목이다. 남보다 내 인내심이 더 강하면 남보다 내가 더 잘 될 가능성이 크다.

어떻게 인내심을 가질 수 있을까? 그냥 묵묵히 지내겠다고 다짐하고 각오한다. 그리고 실천한다. 물론, 말처럼 쉽지 않을 수 있다. 좀 더 기다릴 줄 알고 더 버틸 수 있는 마음이 그냥 생기지 않을 수 있다. 그러나, 다른 이들을 지켜본다. 무던히 자신의 시간을 가지며 기다리는 고수들을 찾아본다. 나보다 뛰어난 인내심을 가진 이들이 어떻게 살아왔는지, 어떻게 삶을 잘 견디고 자신의 때를 맞이했는지 엿보고, 배워야겠다.

　인내심을 키우는 또 하나의 방법으로 지속적인 운동이 좋을 것 같다. 마라톤처럼 오롯이 혼자 하는 운동이 나을 것 같다. 오랜 시간을 조용히 달리고, 또 자신에게 집중할 수 있다. 그리고, 자기만의 에너지를 소비하며 앞으로 전진하는 운동이다. 달리면서 많은 생각들을 정리하고 복잡하고 답답한 마음도 떨칠 수 있을 것이다. 그렇게 운동하다 보면, 부족한 인내심도 채워지고 끈기도 생길 것이다. 남보다 더 오래 기다릴 수 있으면, 남들이 다 나가 떨어지고 못 버티는 것도 목격할 수 있다.

　무언가 특별한 비법이 있는 게 아니다. 그저 기다리고 또 기다린다. 그렇게 기다리는 게 내 천직이다. 이렇게 생각하면서 지내면 좋다. 그렇게 기다릴 줄 알면, 많은 것을 가질 수 있다. 주식 투자를 해도, 남들이 몇 날 며칠을 못 기다려 조바심 낼 때, 내가 5년, 10년을 기다릴 수 있으면 분명히 주식 수익을 낼 수밖에 없다. 그 기다리는 동안에 적어도 한두 번은 수익을 낼 기회가 오기 때문이다. 우리네 인생도 비슷하다. 그러므로 더욱 인내심을 가질 노력을 한다.

　기다리고 또 기다리면, 원하는 것을 가질 기회는 올 수밖에 없다. 이렇게 믿고 지내면 될 것 같다. 물론, 원하는 결과가 온전히 오지 않을 수도 있다. 바란다고 무조건 다 이뤄지는 게 아니기 때문이다. 그래도, 지금 현재 해야 될 일에 몰두하는 게 낫다. 그래야 잡생각에서 벗어날 수 있을 것이다. 그렇게 인내하는 이가 결국 많은 것을 가질 것이다. 이는 우리네 역사를 통해서도 알 수 있다. 참고 견디며 기다린 이들이 역사의 승자로 자리매김했다는 것을 말이다. 그러므로, 누가 뭐라 해도 자신의 뜻을 펼칠 때는 올 것이라고 믿고 지금을 잘 버티고 지내면 좋겠다.

살아남아야 후일을
도모할 수 있다

　살아남지 못하면 아무 소용이 없다. 멋있게 뛰쳐나가고, 호기롭게 굴었지만, 세상은 냉혹해서 먹고 사는 일이 제대로 안 되면, 어떻게 되겠는가. 가족이 뿔뿔히 흩어지고, 가정에 불화가 생기고, 순식간에 일상이 파탄나는 경우가 너무도 많다. 지금은 불황이 너무 심해서, 자영업도 영업을 지속하기 어렵고, 직장인들도 자기 자리 지키기가 쉽지 않다. 냉혹한 현실 앞에서 자신만만할 수 있는 이들이 그리 많지 않다. 그래서 항상 생존을 최우선으로 생각해둬야 할 거 같다.

　지금은 자존심 부릴 때가 아니다. "비굴히게 지내는 게 너무 싫다. 치욕이다." 라고 말하는 이들도 있다. 그러나, 그런 마음은 잠시 잠깐일 수 있다. 가족을 책임지고, 생계를 해결해야 해서 버틴다고 하는 건, 고통일 수 있지만, 지금은 그런 얘기조차 사치일 수 있다. 지금 하고 있는 일이 정말 별로이고 그만해야겠다는 생각이 들면, 주말에 쿠팡 물류센터 심야 일을 며칠 해보면 생각이 달라진다고 했다. 지금 하고 있는 일이 어쩌면 아주 수월하고 감사한 일일 수 있다는 것이다. 그러니, 냉정히 따져 보고 지금의 상황을 살펴보는 게 필요하다.

지금은 어떻게든 견디고 참으면서 자기만의 때를 살펴보는 게 낫다. 지금은 경제 상황이 매우 안 좋아서, 현재 하고 있는 일, 특히나 직장 일을 그만두고 나가면 거의 지옥을 만날 수 있다. 그 정도로 상황이 안 좋다. 그러니, 어떻게든 회사에 붙어 있는 게 최고다. 조직 안에 머물러야, 힘든 시기를 견딜 수 있다. 나가는 순간 상상을 초월하는 엄청난 일들이 기다리고 있다. 정말 지금 하는 일이 별로라고 생각 들면, 조직 안에서 차선책을 찾는 게 낫다. 회사 밖에 파랑새가 있을까 생각하며 찾아다니는 건 좋은 일이 못 된다.

내 적성에 안 맞는 일을 하고 있다. 나는 이런 일을 할 사람이 아니다. 이렇게 말하며 계속 스트레스 받고, 지금 일을 때려치우려고 생각하는 이들도 있다. 물론, 정말 아니다 싶으면 그만두고 다른 일을 해야 한다. 스트레스가 너무 심한데 무조건 버티라는 말을 하고 싶지는 않다. 다들 각자의 처지, 상황, 여건에 맞게 결정해야 하는 것이다. 무조건 버티고 무조건 머물자는 얘기는 아니다. 다만, 회사 밖이 많이 예사롭지 않으니, 좀 나은 때가 올 때를 따져 보는 게 좋지 않을까 싶다는 거다. 자신의 때를 잘 살펴볼 필요가 있다.

어떤 이들은 말한다. 회사에서 내보내려고 작정하면 버틸 재간이 없다고. 헌데 그것도 각자의 사정이 얼마나 절박하냐, 덜 절박하느냐의 차이인 것 같다. 기다리고 견디고 버티면서 회사보다 내가 더 강해지려고 애쓰면 회사도 나를 함부로 어찌 못 한다. 나중에 언제 그랬냐는 듯이 새로운 기회가 올 수 있다. 다시 시작할 수 있다. 그러니, 자존심 운운하며 자리를 박차고 나가서는 안 된다. 지금은 수십 년 자영업을 하던 이들도 폐업하고 경제가 매우 안 좋아서 못 하겠다고 말할 정도다.

무슨 일이든
시작과 끝이 있다

　무슨 일이든 시작이 있으면 끝이 있다. 시작을 하고 나면, 어느 정도 시간이 흐른 뒤 끝맺음을 해야 될 때가 온다. 영원할 것 같지만, 그렇지 않다. 시작을 하고 나면, 끝나는 때가 온다. 물론 시작을 해야 끝을 볼 가능성이 생긴다. 그러니 무슨 일이든 시작해 보자. 또한 '시작이 반이다'라는 말도 있다. 시작만 하면 50%는 이룬 거나 다름없다. 시작을 두려워하는 사람들에게 위안이 되는 말 같다.

　'권불십년, 화무홍십일무'라는 말도 있다. 오르막이 있으면 내리막이 있는 법이다. 지금 자신이 가진 권력이 영원할 것 같지만 내 것이 아니라는 것이다. 어느 날 내려놔야 할 때가 온다. 끝이 있다는 것이다. 그러므로 지금 너무 교만하거나 자만하지 말아야 된다. 그러나 사람들은 미리 생각하지 못한다. 지금 당장 내가 누리고 있는 것들이 계속될 것이라고 착각한다. 자신의 자리가 잠시 맡아놓은 것일 뿐인데, 오래오래 자리매김할 거라고 착각한다.

그리고 그 착각이 깨지면 사람들이 충격에 빠지게 된다. 나는 아니겠지. 내가 회사에 기여한 게 얼마인데. 등등의 생각을 하며 현실을 받아들이는 데 힘들어한다.

언제든 우리는 자기 자리를 내려놓을 때가 오기 때문에, 항상 자신의 이름으로 살 준비해야 한다. 그렇게 나와야 할 때가 오면 마음이 매우 안 좋다. 서럽고 눈물 나고 화나고 별의별 생각이 다 든다. 내 자신에 대해 원망하고 남을 비방하고, 엄청난 쇼크에 시달리게 될 수도 있다. 여러 가지 생각에 고민스러울 것이다. 그러나, 언제든 그러한 때가 오기 때문에 최대한 수용할 수 있는 마음의 여유가 필요하다. 잘 받아들일 수 있어야 한다. 집착하고 미련을 가질 것이 아니라, 아쉬워도 흘려보낼 수 있는 그런 여유가 있어야 할 것이다.

언제든 끝이 있다. 또, 시작이 있으면 끝도 있는 법이다. 그리고 그 끝 뒤에 또 다른 시작도 있다. 누구에게나 새로운 시작은 두렵고 겁난다. 막연하기 때문에 두려움이 더 심할 것이다. 그러나 그 새로운 시작도 또 하고 나면 나아진다. 무디어지고 적응이 된다. 누군가에게 이제 시작인 곳이 누구에게는 끝인 곳일 수 있다. 그게 세상 이치임을 받아들여야 한다. 잠시 내게 주어진 것일 뿐이다. 어찌하겠는가.

항상 지금 내게 주어진 상황을 잘 받아들여야 한다. 때로는 좋을 수도 있고, 나쁠 수도 있다. 그것을 어떻게 받아들이냐에 따라, 다 다를 것이다. 어떤 상황이든 모두 다 내게 기회가 될 수 있다. 끝이 곧 새로운 시작이므로, 동전의 양면과 같음을 기억해야 되겠다. 또 과거의 삶을 완전히 잊어야 한다. 과거의 영광, 과거의 기억에 계속 머물러 있으면 안 된다. 결코 좋은 모습이 못 된다. 그러니, 잘 생각하며 앞으로 헤쳐나가야 할 것이다.

금방 이룰 수
없다는 걸 안다

무슨 일이든 빨리 결과가 나오고, 금방 이룰 수 있으면 좋겠다. 그런데 그런 일은 거의 없다. 특히나 지금의 세상에서는 너무 많은 경쟁자와 급변하는 상황들이 우리를 한시도 가만히 놔두지 않는다. 접하는 정보도 많고, 너무 많은 뉴스에 노출되어 있어서 쉽게 드러나지도 않는다.

또한 순식간에 떴다가 사라지는 이들도 너무 많다. 언제든 새로운 인물로 대체되고 새로운 회사, 브랜드가 유명한 회사, 브랜드의 자리를 빼앗는 경우도 많다. 그래서 우리가 조직 이름에서 벗어나 새로운 시작을 할 때는 더 힘겹고 더 오랜 시간을 투자해야 한다. 그렇게 오래오래 지낼 수 있어야 한다. 몇 년 한다고 사람들이 알아주지 않는다. 돈도 벌리지 않을 수도 있다. 그래도 묵묵히 해 나가야, 자기만의 길을 개척해 나갈 수 있다.

사방에서 안 된다, 그렇게 하면 안 된다, 돈을 못 번다, 이렇게 말하는 이들이 너무 많다. 그들이 다 전문가 같고 다 알고 있는 것처럼 여겨진다. 그러나, 그들은 입으로만 나불대는 사람들일 뿐이다. 그들의 말을 내 한계로 단정 짓고 그만하거나, 포기해버리면, 그 이후에는 아무것도 남지 않는다. 그저 묵묵히 자기 길을 자기 힘에 기대어 앞으로 한 걸음씩 나아가야 한다. 그래야, 자기 길이 만들어지는 것이다.

   금방 이뤄지지 않는다. 꽤 오랜 기간이 지나야, 사람들이 알아차리고 봐주기 시작한다. 그러니, 좀 더 두고 보고, 나의 일상 속에서 일부분으로 삼고 꾸준히 해 나가야 한다. 그래야 하나의 축이 만들어지는 것이다. 너무 절박하고 너무 목 매면서 하는 것도 별로라고 생각한다. 너무 절박하면, 버틸 힘이 더 금세 바닥나기 쉽다. 그래서, 저 멀리 내다보고 오래오래 하겠다는 각오를 다지는 게 더 좋을 것 같다.

결국에는
끝을 본다

계속 하다 보면 우리는 결말에 이르게 된다. 중도 포기하지 않고 계속 가기만 하면 가능하다. 절대 쉽지 않지만, 다른 길은 없다고 생각하고 평생 하겠다는 각오가 있으면 될 것이다. 물론 나도 아직 끝을 본 건 아니다. 그 끝을 향해 계속 가고 있을 뿐이다. 누구에게나 사는 건 쉽지는 않다. 다들 힘들다. 그래도 하는 사람들이 있다.

부사관으로 군에 입대해서 선임 원사로 전역하는 사람들은 소수다. 부사관들 중 하사는 39%, 중사가 31%, 상사는 18%, 원사가 9%, 선임원사가 2.3%라고 한다. 단순히 얘기해서 하사로 시작해서 100명 중 2명 정도만 선임원사가 된다는 얘기다. 소수이기는 하나, 100명 중 2명은 선임원사가 된다는 것은 나름 비율이 높은 거라고 나는 생각한다.

직장인 중에도 정년까지 근무하고 일을 마치는 비율이 얼마나 될까? 직장인의 80%가 평균 51세에 퇴직하게 된다고 뉴스에서 얘기한다. 정년퇴직 비율이 9.7%라고 한다. 2023년 기준이다. 100명 중 9명 정도가 정년까지 근무한다는 얘기다. 생각보다 많은 이들이 정년까지 근무하지 못한다는 말이다. 나의 친한 60대 후반의 선배는 나에게 말한다. 임원 되는 것보다 정년까지 근무하는 게 더 어렵다고 말이다.

무던히 버티며 조직에 쓰임이 되겠다는 각오로 지내서 끝까지 가보면 좋을 것 같다. 요즘은 워낙 대안이 없고 회사 밖도 너무 살벌하다. 조직 안에서 승부를 걸어 보겠다는 것도 나쁜 게 아니라고 생각한다. 자영업 폐업도 너무 심할 정도다. 지금은 신사동 가로수길에 공실이 30~40%라는 말이 있을 정도다. 홍대, 이대 앞 상권도 붕괴가 되고 난리다. 물가가 너무 올라서 사람들이 저녁에 안 다닌다는 얘기도 나돈다. 이런데, 함부로 나와서 창업하면 그냥 필패다.

쉽지 않은 얘기이지만, 어떻게든 자기만의 길을 추구하고 끝까지 가보겠다는 다짐으로 살아야 되겠다. 그래야 살아갈 수 있는 시대가 되었다. 정신 붙들어 매고 지내야 한다. 어렵다. 힘들다 얘기해도 끝을 보겠다는 각오만이 우리 삶을 지켜주는 것 같다. 남들과 비교하며 잘 지내고 있다는 안도감 따위를 가질 생각 마라. 남들보다 뒤쳐졌다고 자책하지도 마라. 오로지 나의 기준, 내 삶의 나침반을 내가 만들고 나의 길을 끝까지 가보겠다고 작정하는 게 가장 나을 것 같다.

에필로그

　지금의 시대를 살아가는 많은 이들이 참으로 걱정이 많습니다. 이웃나라 일본의 잃어버린 30년이 한국에서도 벌어지고 있다는 말도 많이 합니다. 지금 당장의 능력과 연봉만으로도 사는 게 불안한 이들이 많습니다. '평생 고용' '안정된 직장'을 기대하기 힘든 시대임은 분명합니다.

　이제는 언제든 자기 이름으로, 자기만의 힘으로 홀로서기를 해야 합니다. 비록 회사에 속해 있는 구성원이라 해도, 자기 능력, 자기 힘을 발휘하지 않으면, 안 되는 상황입니다. 회사에서도 자기가 속한 부서가 송두리째 해체될 수 있고, 기존에 하던 일과 전혀 다른 일을 해야 될 수도 있습니다. 언제든 변화를 받아들이고, 생존을 위한 처절한 몸부림을 기꺼이 감당해야 될 것입니다.

　이미 회사는 언제든 개인이 쓸모 없으면 개인과 결별할 준비가 되어 있습니다. 그에 비해 개인은 상대적으로 약자인 것 같습니다. 조직의 구성원인 직장인들은 나이가 들수록 다른 곳으로 이직할 기회도 갖기 힘듭니다. 요즘은 대리, 과장급의 30대도 좀 더 나은 직장으로 이직하기가 힘들다고 합니다. 이런 상황에서 불안과 염려로 고민하는 이들이 늘어나고 있는 것 같습니다.

불안에 사로잡혀 있는 자신을 되돌아보고, 언제든 새로운 도전을 하는 이들이 많아지기를 진심으로 바랍니다. 저도 그렇고, 이 책을 읽는 여러분들도 항상 더 나은 자신이 되게 날마다 분발하고, 애쓰는 모습을 가지면 좋겠습니다. 자기 자신을 브랜드화 하고, 자신의 능력을 더 키우며, 일상을 채워나가다 보면, 각자가 속한 영역에서 끝까지 살아남는 자가 되지 않을까 조심스레 짐작해 봅니다.

끝까지 견디고 버텨서 살아남으면, 자신이 바라는 삶에 다가갈 수 있지 않을까 조용히 생각해봅니다. 아무리 현실이 힘들어도, 허세 부리지 않고 묵묵히 자신을 살피며, 앞으로 나아가면, 결국에는 자신이 바라는 지점에 도달할 거라고 생각합니다. 꼭 원하는 바를 이루기를 진심으로 바랍니다.

출간후기

정글 같은 세상 속에서
끝까지 살아남아 행복해지는 법

권선복 | 도서출판 행복에너지 대표이사

　100세 시대라고 합니다. 많은 사람들이 은퇴 후 누구나 노력하면 자신이 원하는 인생을 살 수 있다고도 이야기합니다. 물론 꿈과 희망을 가지는 것은 중요한 일이지만 때로는 그러한 말들이 막연한 환상처럼 느껴지기도 합니다. 빠르게 직장을 은퇴하고 다른 분야에서 성공한 이들의 성공담을 들으면서 나도 저런 인생에 도전해야 하는 게 아닐까 고민하기도 합니다. 그런 의미에서, 이 책 『끝까지 살아남는 사람들의 생존비법』은 은퇴 후 화려한 '성공'이 아닌, 평범하면서도 치열한 '생존'을 이야기하고 있는 책이라는 점에서 보편적이면서도 친근합니다.

　이 책은 '살아남아야 원하는 삶을 살 수 있다'를 모토로 하여 자존심을 채우기 위한 퇴직보다는 어떤 방법을 사용해서라도 끈질기게 직장에서 살아남는 것이 나을 수도 있다는 점을 환기하고, 아무리 열심히 일한다고 해도 누구에게나 '유통기한'이 있음을 빠르게 인정하여 지금 하고 있는 일의 유통기한이 끝난 후 새로운 삶에 적응하기 위한 준비를 시작하는 것이 행복한 은퇴 후의 삶을 살아가기 위한 지름길임을 강조하는 것이 특징입니다.

또한 책은 '부채를 가장 두려워하라'를 중심으로 하여 은퇴 후에는 무리한 경제적 투자나 도전, 일확천금을 꿈꾸는 환상을 억제하는 한편 절약하고, 내려놓고, 가지고 있는 것을 지키는 삶을 살아야 한다는 점을 강조합니다. 젊은 시절 활발한 사회생활을 하면서 어쩔 수 없이 유지해야만 했던 자존심을 내려놓고, 인간관계를 단순화시키면서 소박하고 담백한 삶을 살며 온전히 스스로를 위한 시간을 살아가자는 것이 이 책이 말하는 '끝까지 살아남는 사람들의 생존비법'이라고 할 수 있을 것입니다.

'성공'이 아닌 '생존'을 이야기하며 은퇴 후 삶에 대해 가장 실질적이고 현실적인 조언이 되어 줄 이 책 『끝까지 살아남는 사람들의 생존비법』이 독자분들의 은퇴 준비에 멋진 길잡이가 되어 주기를 희망합니다.

좋은 **원고**나 **출판 기획**이 있으신 분은 언제든지 **행복에너지**의 문을 두드려 주시기 바랍니다
ksbdata@hanmail.net www.happybook.or.kr 문의 ☎ 010-3267-6277

'행복에너지'의 해피 대한민국 프로젝트!

〈모교 책 보내기 운동〉〈군부대 책 보내기 운동〉

한 권의 책은 한 사람의 인생을 바꾸는 힘을 가지고 있습니다. 한 사람의 인생이 바뀌면 한 나라의 국운이 바뀝니다. 그럼에도 불구하고 많은 학교의 도서관이 가난하며 나라를 지키는 군인들은 사회와 단절되어 자기계발을 하기 어렵습니다. 저희 행복에너지에서는 베스트셀러와 각종 기관에서 우수도서로 선정된 도서를 중심으로 〈모교 책 보내기 운동〉과 〈군부대 책 보내기 운동〉을 펼치고 있습니다. 책을 제공해 주시면 수요기관에서 감사장과 함께 기부금 영수증을 받을 수 있어 좋은 일에 따르는 적절한 세액 공제의 혜택도 뒤따르게 됩니다. 대한민국의 미래, 젊은이들에게 좋은 책을 보내주십시오. 독자 여러분의 자랑스러운 모교와 군부대에 보내진 한 권의 책은 더 크게 성장할 대한민국의 발판이 될 것입니다.

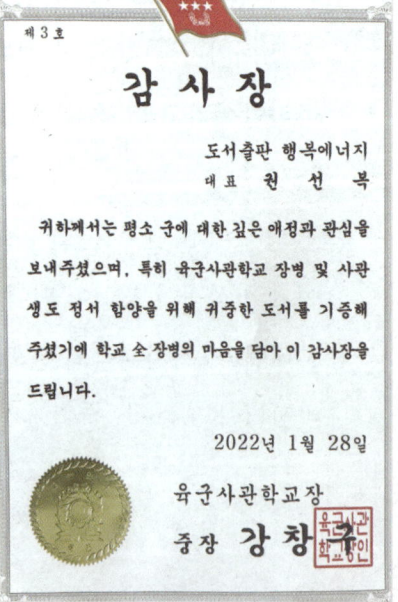